INFINITE
MATHEMATICS

인피니트

곽성은 저

수학

대입
수학
논술
2

도서출판 대가

들어가며

30년 동안 대학에서 교양 수학을 강의하면서 창의력이 풍부한 학생들은 수학 문제 풀이법을 독창적으로 풀어간다는 공통점을 발견하였고, 그런 관점에서 대학입시에 필요한 수리논술의 독창적인 수학 문제들을 개발하게 되었습니다.

학생들이 정답을 보지 않고 어떤 방식으로 문제를 해결할지 고민한 후 떠오르는 이론을 빈칸에 적으면서 논리적으로 풀어가는 방식으로 훈련을 하다 보면 대입 논술에 많은 도움이 될 것이라는 판단이 들었습니다.

빨리 문제들을 풀겠다는 생각을 버리고 어떤 이론들이 이 문제에 숨어있는가를 먼저 기억하며 많은 생각을 하면서 훈련한다면, 대입 수리논술 시험장에서도 당황하지 않고 차분한 마음으로 문제를 술술 풀어가게 될 겁니다.

이 책에 있는 문제들은 기존에 많이 봐왔던 문제들을 배제하고 새롭고 독창적인 문제들로 창작하여 학생들이 창의적인 사고로 논리적으로 문제 풀이를 하는 데 도움이 될 수 있도록 하였습니다. 아무쪼록 이 책이 여러분 모두에게 많은 도움이 된다면 저자는 30년 동안 만든 10,000 가지 문제들에 자부심을 느끼며 기쁘게 생각할 것입니다.

여러분 모두 앞날에 행운이 있길 기원합니다.

지은이 곽성웅

차 례

[문제 1] ~ [문제 30]

INFINITE
MATHEMATICS

부등식

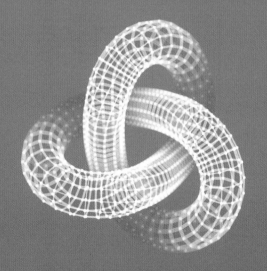

① $\forall t_i \geq 0,\ 1 = \displaystyle\sum_{i=1}^{n} t_i,\ f''(x) < 0 \ \Rightarrow\ \displaystyle\sum_{i=1}^{n} t_i f(x_i) \leq f\left(\displaystyle\sum_{i=1}^{n} t_i x_i\right)$

② $\forall t_i \geq 0,\ 1 = \displaystyle\sum_{i=1}^{n} t_i,\ f''(x) > 0 \ \Rightarrow\ \displaystyle\sum_{i=1}^{n} t_i f(x_i) \geq f\left(\displaystyle\sum_{i=1}^{n} t_i x_i\right)$

증명

① $f''(x) < 0$인 경우

  (1) $n = 2$일 때, 아래 그림에서 계산하시오.

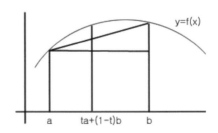

직각삼각형에서 가운데 높이를 y라고 하면, 다음 비례식이 성립한다.

$1 - t : y = 1 : f(b) - f(a) \ \Rightarrow\ y = (1-t)(f(b) - f(a))$,

$y + f(a) \leq f(ta + (1-t)b)$

$\therefore\ tf(a) + (1-t)f(b) = y + f(a) \leq f(ta + (1-t)b)$

(2) $n = k$에서 성립한다고 가정하면,

$$\sum_{k=1}^{n} t_k f(x_k) \leq f\left(\sum_{k=1}^{n} t_k x_k\right), \ \sum_{k=1}^{n} t_k = 1$$

$$s_n = \sum_{k=1}^{n} t_k x_k, \ \alpha + \beta = 1 \text{라고 두자.}$$

$$\therefore \alpha f(s_n) + \beta f(x_{n+1}) \leq f(\alpha s_n + \beta x_{n+1}) \implies$$

$$\therefore (\alpha t_1) f(x_1) + (\alpha t_2) f(x_2) + \cdots + (\alpha t_n) f(x_n) + \beta f(x_{n+1})$$

$$= \alpha \left(\sum_{k=1}^{n} t_k f(x_k)\right) + \beta f(x_{n+1})$$

$$\leq \alpha f\left(\sum_{k=1}^{n} t_k x_k\right) + \beta f(x_{n+1}) = \alpha f(s_n) + \beta f(x_{n+1}) \leq f(\alpha s_n + \beta x_{n+1})$$

$$= f\left(\beta x_{n+1} + \alpha \sum_{k=1}^{n} t_k x_k\right)$$

(3) $\alpha t_1 + \alpha t_2 + \cdots + \alpha t_n + \beta = \alpha \left(\sum_{k=1}^{n} t_k\right) + \beta = \alpha + \beta = 1$ 증명됨

② $f''(x) > 0$인 경우 아래로 볼록인 그림을 그리고, 위쪽 부등식의 부호가 모두 반대로 하면 증명된다.

[문제1] $s, t \in N$, $s < t$ 일 때,

부등식 $\sqrt[s]{\dfrac{\displaystyle\sum_{i=1}^{n} a_i^s}{n}} \leq \sqrt[t]{\dfrac{\displaystyle\sum_{i=1}^{n} a_i^t}{n}}$, $(a_i > 0)$임을 증명하시오.

증명

$f(x) = x^m$, $\left(m = \dfrac{t}{s} > 1\right)$라고 하자.

$f''(x) = m(m-1)x^{m-2} > 0 \xrightarrow{\text{[정리1]}}$

$\left(\dfrac{a_1^s + a_2^s + \cdots + a_n^s}{n}\right)^m \leq \dfrac{a_1^{sm} + a_2^{sm} + \cdots a_n^{sm}}{n} \xrightarrow{sm = t} \left(\dfrac{\displaystyle\sum_{i=1}^{n} a_i^s}{n}\right)^{\frac{t}{s}} \leq \dfrac{\displaystyle\sum_{i=1}^{n} a_i^t}{n}$

양변에 $\dfrac{1}{t}$승 하면
$\xrightarrow{\hspace{3cm}}$

$\therefore \sqrt[s]{\dfrac{\displaystyle\sum_{i=1}^{n} a_i^s}{n}} \leq \sqrt[t]{\dfrac{\displaystyle\sum_{i=1}^{n} a_i^t}{n}}$

[문제2] $\forall\, a_i, b_i > 0,\ \sum\limits_{i=1}^{n} t_i = 1$ 일 때,

부등식 $\prod\limits_{i=1}^{n} a_i^{t_i} + \prod\limits_{i=1}^{n} b_i^{t_i} \le \prod\limits_{i=1}^{n} \left(a_i + b_i\right)^{t_i}$ 임을 증명하시오.

증명

$f(y) = \ln\left(1 + e^y\right)$ 라고 하자. $f''(y) = \dfrac{e^y}{\left(1 + e^y\right)^2} > 0 \xrightarrow{\quad[정리1]\quad}$

$\ln\!\left(1 + e^{\sum\limits_{i=1}^{n} t_i y_i}\right) \le \sum\limits_{i=1}^{n} t_i \ln\left(1 + e^{y_i}\right),\ \sum\limits_{i=1}^{n} t_i = 1$

$\Rightarrow 1 + \prod\limits_{i=1}^{n} \left(e^{y_i}\right)^{t_i} \le \prod\limits_{i=1}^{n} \left(1 + e^{y_i}\right)^{t_i}$

$e^{y_i} = \dfrac{b_i}{a_i}$ 라고 하자.

$\Rightarrow 1 + \prod\limits_{i=1}^{n} \left(\dfrac{b_i}{a_i}\right)^{t_i} \le \prod\limits_{i=1}^{n} \left(1 + \dfrac{b_i}{a_i}\right)^{t_i} \xrightarrow{\quad 양변\left(\prod\limits_{i=1}^{n} a_i^{t_i}\right) 곱\quad}$ 증명됨

[문제3] $a, b > 0, (0 \leq t \leq 1)$ 일 때, 부등식 $a^t b^{1-t} \leq ta + (1-t)b$

임을 증명하시오.

증 명

$f(x) = \ln x$ 이라 하자. $f'(x) = \dfrac{1}{x}, f''(x) = -\dfrac{1}{x^2} < 0$

[정리1]에 의해서 $t_1 f(x_1) + t_2 f(x_2) \leq f(t_1 x_1 + t_2 x_2)$ 가 성립한다.

여기서 $t_1 + t_2 = 1$이다.

t_1을 t로 치환하면, $t_2 = 1 - t$가 되고, x_1을 a로, x_2는 b로 두면,

$\Rightarrow t \ln a + (1-t) \ln b \leq \ln(ta + (1-t)b)$
$\Rightarrow \ln a^t b^{(1-t)} \leq \ln(ta + (1-t)b)$
$\Rightarrow \therefore a^t b^{(1-t)} \leq ta + (1-t)b$

[문제4] $x, y > 0, (n, m \geq 0)$일 때,

부등식 $\sqrt[n+m]{x^n y^m} \leq \dfrac{nx + my}{n + m}$ 임을 증명하시오.

<table>
<tr><td></td></tr>
</table>

증 명

$f(x) = \ln x$ 이라 하자. $f'(x) = \dfrac{1}{x}, f''(x) = -\dfrac{1}{x^2} < 0$

[정리1]에 의해서 $t_1 f(x_1) + t_2 f(x_2) \leq f(t_1 x_1 + t_2 x_2)$ 가 성립한다.

여기서 $t_1 + t_2 = 1$ 이다.

$t_1 = \dfrac{n}{n + m}, t_2 = \dfrac{m}{n + m}$ 라고 하면,

$\left(\dfrac{n}{n + m}\right)\ln x + \left(\dfrac{m}{n + m}\right)\ln y \leq \ln\left(\dfrac{nx + my}{n + m}\right)$

$\Rightarrow \ln x^{\frac{n}{n+m}} y^{\frac{m}{n+m}} \leq \ln\left(\dfrac{nx + my}{n + m}\right)$

$\Rightarrow \ln\left(x^n y^m\right)^{\frac{1}{n+m}} \leq \ln\left(\dfrac{nx + my}{n + m}\right)$

$\Rightarrow \therefore \left(x^n y^m\right)^{\frac{1}{n+m}} \leq \dfrac{nx + my}{n + m}$

[문제5] $f(x)$: 연속함수, $f(0) = 0, f(1) = 1, f'(x) \geq 0$ 일 때,

다음 부등식을 증명하시오. $\sqrt{2} \leq \displaystyle\int_0^1 \sqrt{1 + f'(x)^2}\, dx \leq 2$

증 명

평면상에서 $(0, 0)$에서 $(1, 1)$까지 곡선의 최단길이는 $\sqrt{2}$ 이다.

$\therefore$ 길이 $=$

$$\int_0^1 \sqrt{1 + f'(x)^2}\, dx \leq \int_0^1 \sqrt{1 + 2f'(x) + f'(x)^2}\, dx$$

$$= \int_0^1 1 + f'(x)\, dx = 2$$

$$\therefore \sqrt{2} \leq \int_0^1 \sqrt{1 + f'(x)^2}\, dx \leq 2$$

[문제6] $f(0) = 0, f'(x) > 1, (0 < x < 1)$ 일 때, 다음 부등식이

성립함을 증명하시오. $\left(\displaystyle\int_0^1 f(x)dx \right)^2 \leq \displaystyle\int_0^1 f(x)^3 dx$

증명

(1)

$G(x) = f(x)^2 - 2\displaystyle\int_0^x f(t)dt, \ (0 \leq x \leq 1)$

$\Rightarrow G'(x) = 2f(x)(f'(x) - 1) \geq 0$

$\Rightarrow G(x)$: 증가함수

(2)

$F(x) = \displaystyle\int_0^x f(t)^3 dt - \left(\displaystyle\int_0^x f(t)dt \right)^2, \ (0 \leq x \leq 1)$

$\Rightarrow F'(x) = f(x)G(x) \geq 0$

$\Rightarrow F(x)$: 증가함수

$\therefore F(0) \leq F(1) \Rightarrow 0 \leq \displaystyle\int_0^1 f(x)^3 dx - \left(\displaystyle\int_0^1 f(x)dx \right)^2$

[문제7] $f : [0,1] \to R^+$ 는 감소함수일 때, 다음 부등식이 성립함을 증명

하시오. $\displaystyle\int_0^1 f(x)dx \int_0^1 xf(x)^2\,dx \le \int_0^1 xf(x)dx \int_0^1 f(x)^2dx$

증명

$(f(x)-f(y))(y-x) \ge 0.\ (\because f(x) : \text{감소}) \cdots\cdots (1)$

$\Rightarrow \displaystyle\int_0^1 \int_0^1 f(x)f(y)(f(x)-f(y))(y-x)dxdy \ge 0.\ (\because f(x), f(y) > 0)$

$0 \le \displaystyle\int_0^1 \int_0^1 \big(f(x)^2 f(y) - f(x)f(y)^2\big)(y-x)dxdy$

$= \displaystyle\int_0^1 \int_0^1 f(x)^2 f(y)y - f(x)yf(y)^2\,dxdy$

$\quad + \displaystyle\int_0^1 \int_0^1 f(y)^2 xf(x) - f(y)xf(x)^2 dxdy$

$= 2\displaystyle\int_0^1 \int_0^1 f(x)^2 yf(y) - f(x)yf(y)^2 dxdy$

$= 2\bigg(\displaystyle\int_0^1 f(x)^2 dx \int_0^1 yf(y)dy - \int_0^1 f(x)dx \int_0^1 yf(y)^2 dy\bigg)$

$\therefore \displaystyle\int_0^1 f(x)dx \int_0^1 yf(y)^2 dy \le \int_0^1 f(x)^2 dx \int_0^1 yf(y)dy$

$\Rightarrow \displaystyle\int_0^1 f(x)dx \int_0^1 xf(x)^2 dx \le \int_0^1 xf(x)dx \int_0^1 f(x)^2 dx$

[문제8] $f(x)$는 증가함수, $g(x)$는 감소함수일 때, 다음 부등식을 증명하시오. $\displaystyle\int_0^1 f(x)g(x)\,dx \leq \int_0^1 f(x)g(1-x)\,dx$

증명

$$K = \int_0^1 f(x)g(1-x)\,dx - \int_0^1 f(x)g(x)\,dx$$
$$= \int_0^1 f(x)(g(1-x)-g(x))\,dx \cdots (1)$$
$$\xrightarrow{y=1-x} = \int_0^1 f(1-y)(g(y)-g(1-y))\,dy$$
$$= \int_0^1 f(1-x)(g(x)-g(1-x))\,dx \cdots\cdots (2)$$
$$\xrightarrow{(1)+(2)} \therefore 2K = \int_0^1 (g(x)-g(1-x))(f(1-x)-f(x))\,dx$$

(i) $x < \dfrac{1}{2}$인 경우:

$2x < 1 \Rightarrow x < 1-x \Rightarrow f(x) < f(1-x), g(x) > g(1-x)$
$\Rightarrow (f(1-x)-f(x))(g(x)-g(1-x)) > 0$

(ii) $x \geq \dfrac{1}{2}$인 경우:

$2x \geq 1 \Rightarrow x \geq 1-x \Rightarrow f(x) \geq f(1-x), g(x) \leq g(1-x)$
$\Rightarrow (f(1-x)-f(x))(g(x)-g(1-x)) \geq 0$

$\therefore 2K \geq 0 \Rightarrow K \geq 0 \Rightarrow \displaystyle\int_0^1 f(x)g(1-x)\,dx \geq \int_0^1 f(x)g(x)\,dx$

[문제9] $0 < x < \pi$ 일 때, 부등식 $0 < \sin x + \dfrac{\sin 2x}{2} + \dfrac{\sin 3x}{3}$ 임을 증명하시오.

증 명

$\sin x + \dfrac{\sin 2x}{2} + \dfrac{\sin 3x}{3}$

$= \sin x + \sin x \cos x + \dfrac{1}{3}\left(3\sin x \cos^2 x - \sin^3 x\right)$

$= \dfrac{\sin x}{3}\left(3 + 3\cos x + 3\cos^2 x - \sin^2 x\right)$

$= \dfrac{\sin x}{3}\left(4\cos^2 x + 3\cos x + 2\right)$

$= \dfrac{\sin x}{3}\left(3\cos^2 x + (1 + \cos x) + (1 + \cos x)^2\right) > 0$

[문제10] $0 < x_i \leq \dfrac{1}{2}$ 일 때,

부등식 $\left(\dfrac{n}{\displaystyle\sum_{i=1}^{n} x_i} - 1 \right)^n \leq \displaystyle\prod_{i=1}^{n} \left(\dfrac{1}{x_i} - 1 \right)$ 임을 증명하시오.

증명

$f(x) = \ln\left(\dfrac{1}{x} - 1 \right)$ 이라 하면, $f''(x) = \dfrac{1-2x}{(x^2 - x)^2} \geq 0$ [정리1]에 의해

$t_i = \dfrac{1}{n}$, $\ln\left(\dfrac{n}{x_1 + \cdots + x_n} - 1 \right) \leq \dfrac{1}{n} \ln\left(\dfrac{1}{x_1} - 1 \right) \cdots \left(\dfrac{1}{x_n} - 1 \right)$ 이 성립한다.

$\Rightarrow \left(\dfrac{n}{x_1 + \cdots + x_n} - 1 \right)^n \leq \left(\dfrac{1}{x_1} - 1 \right) \cdots \left(\dfrac{1}{x_n} - 1 \right)$

$\Rightarrow \therefore \left(\dfrac{n}{\displaystyle\sum_{i=1}^{n} x_i} - 1 \right)^n \leq \displaystyle\prod_{i=1}^{n} \left(\dfrac{1}{x_i} - 1 \right)$

[문제11] $f(x)$는 연속, 단조증가함수, $f(0) = 0, f(1) = 1$ 일 때,
다음 부등식이 성립함을 증명하시오.

$$\sum_{i=1}^{n-1}\left[f\left(\frac{i}{n}\right)+f^{-1}\left(\frac{i}{n}\right)\right] \leq \frac{n^2-1}{n}$$

(1) $\displaystyle\int_0^1 f(x)dx = \int_0^1 f^{-1}(y)\,dy$

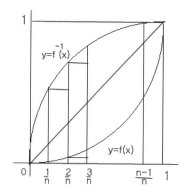

(2) $\displaystyle\sum_{k=1}^{n-1} f\left(\frac{k}{n}\right)\frac{1}{n} < \int_{\frac{1}{n}}^1 f(x)dx, \quad \sum_{k=1}^{n-1} f^{-1}\left(\frac{k}{n}\right)\frac{1}{n} < \int_{\frac{1}{n}}^1 f^{-1}(x)dx$

(3) $\displaystyle\int_0^{\frac{1}{n}} f(x) + f^{-1}(x)dx = \int_0^{\frac{1}{n}} f^{-1}(x)dx + A \geq \left(\frac{1}{n}\right)^2 \quad (\because B)$

(4) $\displaystyle\frac{1}{n}\left(\sum_{k=1}^{n-1} f\left(\frac{k}{n}\right) + f^{-1}\left(\frac{k}{n}\right)\right) + \int_0^{\frac{1}{n}} f(x) + f^{-1}(x)dx \xrightarrow{(2)}$

$\displaystyle\leq \int_0^1 f(x) + f^{-1}(x)dx = 1$

$\displaystyle\Rightarrow \frac{1}{n}\left(\sum_{k=1}^{n-1} f\left(\frac{k}{n}\right) + f^{-1}\left(\frac{k}{n}\right)\right) \leq 1 - \int_0^{\frac{1}{n}} f(x) + f^{-1}(x)dx$

$\displaystyle\xrightarrow{(3)} \leq 1 - \frac{1}{n^2}$

$\displaystyle\therefore \sum_{k=1}^{n-1} f\left(\frac{k}{n}\right) + f^{-1}\left(\frac{k}{n}\right) \leq \frac{n^2-1}{n}$

[문제12] $a_i \geq 1$일 때, 부등식 $\dfrac{n}{\sqrt[n]{a_1 a_2 \cdots a_n} + 1} \leq \displaystyle\sum_{i=1}^{n} \left(\dfrac{1}{a_i + 1} \right)$ 임을 증명하시오.

증명

$a_i = e^{x_i} \Rightarrow \sqrt[n]{a_1 \cdots a_n} = e^{\frac{x_1 + \cdots + x_n}{n}}$ $f(x) = \dfrac{1}{e^x + 1}$ 라고 하자.

$f''(x) = \dfrac{e^x(e^x - 1)}{(e^x + 1)^3} \geq 0, \ (\because x \geq 0)$ [정리1]에 의해 다음 부등식이 성립

한다.

$t_i = \dfrac{1}{n}, \ f\!\left(\dfrac{x_1 + \cdots + x_n}{n} \right) \leq \dfrac{1}{n}\left(f(x_1) + \cdots + f(x_n) \right)$

$\Rightarrow \dfrac{1}{e^{\frac{x_1 + \cdots + x_n}{n}} + 1} \leq \dfrac{1}{n}\left(\dfrac{1}{e^{x_1} + 1} + \cdots + \dfrac{1}{e^{x_n} + 1} \right)$

$\therefore \dfrac{n}{\sqrt[n]{a_1 \cdots a_n} + 1} \leq \displaystyle\sum_{i=1}^{n} \dfrac{1}{a_i + 1}$

[문제13] $A+B+C=\dfrac{\pi}{2}, \left(0<A, B, C<\dfrac{\pi}{2}\right)$ 일 때, 부등식이 성립함을 증명하시오.

$$1 \leq \frac{1-\sin A}{1+\sin A} + \frac{1-\sin B}{1+\sin B} + \frac{1-\sin C}{1+\sin C}$$

증명

$f(x) = \dfrac{1-\sin x}{1+\sin x}, \left(0 < x < \dfrac{\pi}{2}\right)$ 라고 하자.

$f''(x) = \dfrac{2(2\cos^2 x + \sin^2 x + \sin x)}{(1+\sin x)^3} > 0 \xrightarrow{\text{[정리1]}}$

$\dfrac{1}{3}\left(\dfrac{1-\sin A}{1+\sin A} + \dfrac{1-\sin B}{1+\sin B} + \dfrac{1-\sin C}{1+\sin C}\right)$

$\geq \dfrac{1-\sin \dfrac{A+B+C}{3}}{1+\sin \dfrac{A+B+C}{3}} = \dfrac{1}{3}$

$\therefore \dfrac{1-\sin A}{1+\sin A} + \dfrac{1-\sin B}{1+\sin B} + \dfrac{1-\sin C}{1+\sin C} \geq 1$

[문제14] $0 < x_i < \dfrac{1}{2}$ 일 때,

부등식 $\displaystyle\prod_{i=1}^{n}\left(\dfrac{x_i}{1-x_i}\right) \leq \left(\dfrac{x_1+x_2+\cdots+x_n}{n-x_1-x_2-\cdots-x_n}\right)^n$ 이 성립함을 증명하시오.

$$f(x) = \ln\left(\frac{x}{1-x}\right) \Rightarrow f''(x) = \frac{2x-1}{x^2(1-x)^2} < 0$$

[정리1]에 의해 $t_i = \dfrac{1}{n}$ 라면,

$$\Rightarrow \sum_{i=1}^{n} \ln\left(\frac{x_i}{1-x_i}\right) \le n\ln\left(\frac{\frac{1}{n}\left(\sum_{i=1}^{n} x_i\right)}{1 - \frac{1}{n}\left(\sum_{i=1}^{n} x_i\right)}\right) = n\ln\left(\frac{\sum_{i=1}^{n} x_i}{\sum_{i=1}^{n}(1-x_i)}\right)$$

$$= \ln\frac{\left(\sum_{i=1}^{n} x_i\right)^n}{\left(\sum_{i=1}^{n}(1-x_i)\right)^n}$$

$$\Rightarrow \ln\left(\prod_{i=1}^{n} \frac{x_i}{1-x_i}\right) \le \ln\frac{\left(\sum_{i=1}^{n} x_i\right)^n}{\left(\sum_{i=1}^{n}(1-x_i)\right)^n} \Rightarrow \frac{\prod_{i=1}^{n} x_i}{\prod_{i=1}^{n}(1-x_i)} \le \frac{\left(\sum_{i=1}^{n} x_i\right)^n}{\left(\sum_{i=1}^{n}(1-x_i)\right)^n}$$

$\therefore$ 증명됨.

[문제15] $f(0) = 0,\ |f'(x)| \leq \dfrac{1}{1+x}$ 일 때,

부등식 $\displaystyle\int_0^{e-1} f(x)^2\, dx \leq e - 2$ 임을 증명하시오. (단, $f(x)$는 연속이고 상수함수는 아니다.)

(1) $\displaystyle\int_0^{e-1} \frac{\ln(1+x)}{1+x}dx = \int_0^{e-1} \ln(1+x)\,d(\ln(1+x))$

$\displaystyle = \left[\frac{\ln^2(1+x)}{2}\right]_0^{e-1} = \frac{1}{2}$

(2) $\displaystyle |f(x)| \le \int_0^x |f'(t)|\,dt \xrightarrow{\text{조건식}} \le \int_0^x \frac{dt}{1+t} = \ln(1+x)$

(3) $\displaystyle\int_0^{e-1} \ln(1+x)\,dx = \left[x\ln(1+x)\right]_0^{e-1} - \int_0^{e-1} \frac{x}{1+x}dx$

$\displaystyle = e-1 - \left[x - \ln(1+x)\right]_0^{e-1} = 1$

$\displaystyle \therefore \int_0^{e-1} f(x)^2\,dx \xrightarrow{(2)} \le \int_0^{e-1} \ln^2(1+x)\,dx = \left[x\ln^2(1+x)\right]_0^{e-1}$

$\displaystyle -2\int_0^{e-1} \left(\frac{x}{1+x}\right)\ln(1+x)\,dx$

$\displaystyle = (e-1) - 2\int_0^{e-1} \ln(1+x)\,dx + 2\int_0^{e-1} \frac{\ln(1+x)}{1+x}dx$

$\xrightarrow{(1),\,(3)} e-3+1 = e-2$

[문제16] 부등식 $1 \leq \displaystyle\int_0^{\frac{\pi}{2}} \sqrt{1-\sin^3 x}\, dx \leq \dfrac{\sqrt{2}+\ln\left(1+\sqrt{2}\right)}{2}$ 이

성립함을 증명하시오.

$$\int \sqrt{1+x^2}\,dx \xleftrightarrow{x=\tan\theta} = \int \sec^3\theta\,d\theta = \sec\theta\tan\theta - \int \sec\theta\tan^2\theta\,d\theta$$

$$\Rightarrow \int \sqrt{1+x^2}\,dx = \frac{\sec\theta\tan\theta}{2} + \frac{1}{2}\int \sec\theta\,d\theta$$

$$= \frac{x\sqrt{1+x^2} + \ln\left(x+\sqrt{1+x^2}\right)}{2} + c \cdots\cdots (1)$$

$$\int_0^{\frac{\pi}{2}} \sqrt{1-\sin^4 x}\,dx = \int_0^{\frac{\pi}{2}} \sqrt{1+\sin^2 x}\,d(\sin x)$$

$$= \left[\frac{\sin x\sqrt{1+\sin^2 x} + \ln\left(\sin x + \sqrt{1+\sin^2 x}\right)}{2} \right]_0^{\frac{\pi}{2}}$$

$$= \frac{\sqrt{2} + \ln\left(1+\sqrt{2}\right)}{2} \cdots\cdots\cdots (2)$$

$$\therefore 0 \le \sin x \le 1 \Rightarrow \sin^4 x \le \sin^3 x \le \sin^2 x$$

$$\Rightarrow \sqrt{1-\sin^2 x} \le \sqrt{1-\sin^3 x} \le \sqrt{1-\sin^4 x}$$

$$\Rightarrow \int_0^{\frac{\pi}{2}} \sqrt{1-\sin^2 x}\,dx \le \int_0^{\frac{\pi}{2}} \sqrt{1-\sin^3 x}\,dx \le \int_0^{\frac{\pi}{2}} \sqrt{1-\sin^4 x}\,dx$$

$$\xrightarrow{(2)}$$

$$\therefore 1 \le \int_0^{\frac{\pi}{2}} \sqrt{1-\sin^3 x}\,dx \le \frac{\sqrt{2} + \ln\left(1+\sqrt{2}\right)}{2}$$

[문제17] 부등식 $\dfrac{1}{12}\left(\pi-6+2\sqrt{3}\right) \leq \displaystyle\int_{\frac{\pi}{6}}^{\frac{\pi}{4}} \ln\left(1+\cos 2x\right)dx \leq \dfrac{1}{4}\left(2-\sqrt{3}\right)$ 이 성립함을 증명하시오.

$$-1 < u \Rightarrow 1 - u \leq \frac{1}{1+u} \leq 1 \Rightarrow \int_0^t (1-u)du \leq \int_0^t \frac{du}{1+u} \leq \int_0^t 1\,du$$

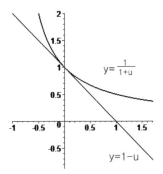

$$\Rightarrow t - \frac{t^2}{2} \leq \ln(1+t) \leq t \xrightarrow{t\,=\,\cos 2x} \cos 2x - \frac{\cos^2 2x}{2}$$

$$\leq \ln(1 + \cos 2x) \leq \cos 2x$$

$$\Rightarrow \int_{\frac{\pi}{6}}^{\frac{\pi}{4}} \cos 2x - \frac{\cos^2 2x}{2}\,dx \leq \int_{\frac{\pi}{6}}^{\frac{\pi}{4}} \ln(1+\cos 2x)dx \leq \int_{\frac{\pi}{6}}^{\frac{\pi}{4}} \cos 2x\,dx$$

$$\therefore \frac{1}{12}\left(\pi - 6 + 2\sqrt{3}\right) \leq \int_{\frac{\pi}{6}}^{\frac{\pi}{4}} \ln(1+\cos 2x)dx \leq \frac{1}{4}\left(2 - \sqrt{3}\right)$$

[문제18] 부등식 $\dfrac{1}{2} < \displaystyle\int_0^{\frac{1}{2}} \dfrac{dx}{\sqrt{1-x^n}} < \dfrac{\pi}{6}$, $(n>2)$ 이 성립함을

증명하시오.

증명

$$0 < x < \frac{1}{2} \Rightarrow 0 < x^n < x^2 < 1 \Rightarrow 0 < \sqrt{1-x^2} < \sqrt{1-x^n} < 1$$

$$\Rightarrow 1 < \frac{1}{\sqrt{1-x^n}} < \frac{1}{\sqrt{1-x^2}}$$

$$\Rightarrow \int_0^{\frac{1}{2}} 1\,dx < \int_0^{\frac{1}{2}} \frac{dx}{\sqrt{1-x^n}} < \int_0^{\frac{1}{2}} \frac{dx}{\sqrt{1-x^2}}$$

$$\therefore \frac{1}{2} < \int_0^{\frac{1}{2}} \frac{1}{\sqrt{1-x^n}}\,dx < \frac{\pi}{6}$$

[문제19] $f(x) = 1 - \sin x$, $g(x) = \displaystyle\int_0^x (x-t)f(t)dt$ 일 때,

다음 부등식이 성립함을 증명하시오. $g(x) \leq \dfrac{g(x+y) + g(x-y)}{2}$

증명

$g(x) = x\displaystyle\int_0^x f(t)dt - \int_0^x tf(t)dt \Rightarrow g'(x) = \int_0^x f(t)dt + xf(x) - xf(x)$

$= \displaystyle\int_0^x f(t)dt$

$\Rightarrow g''(x) = f(x) = 1 - \sin x \geq 0 \xrightarrow{\text{[정리1]}} \dfrac{g(x+y) + g(x-y)}{2}$

$\geq g\left(\dfrac{x+y+x-y}{2}\right) = g(x)$

[문제20] 부등식 $\left(\displaystyle\int_a^b f(x)g(x)dx\right)^2 \leq \left(\displaystyle\int_a^b f(x)^2 dx\right)\left(\displaystyle\int_a^b g(x)^2 dx\right)$ 이

성립함을 증명하시오.

증명

$$0 \leq \int_a^b (tf(x)-g(x))^2\, dx = \left(\int_a^b f(x)^2 dx\right)t^2 - 2\left(\int_a^b f(x)g(x)dx\right)t$$
$$+ \left(\int_a^b g(x)^2 dx\right)$$

$$\xrightarrow[\text{이차부등식}]{\frac{D}{4} \leq 0} \quad \therefore \left(\int_a^b f(x)g(x)dx\right)^2 \leq \left(\int_a^b f(x)^2 dx\right)\left(\int_a^b g(x)^2 dx\right)$$

[문제21] $\dfrac{1-x^2}{2} \leq \displaystyle\int_x^1 f(t)dt$ 일 때, 부등식 $\dfrac{1}{3} \leq \displaystyle\int_0^1 f(x)^2\,dx$ 이

성립함을 증명하시오. (단, $f(x)$는 연속이고, 상수함수는 아니다.)

증명

$F'(t) = f(t)$ 라고 하자. $\xrightarrow{\text{조건식}}$ $\dfrac{1-x^2}{2} \leq F(1) - F(x)$

$\Rightarrow \displaystyle\int_0^1 \dfrac{1-x^2}{2}dx \leq \int_0^1 F(1) - F(x)\,dx \Rightarrow \dfrac{1}{3} \leq F(1) - \int_0^1 F(x)dx$

$= F(1) - \left(F(1) - \displaystyle\int_0^1 xf(x)dx \right) = \int_0^1 xf(x)dx$

$\therefore \dfrac{1}{3} \leq \displaystyle\int_0^1 xf(x)dx \quad \cdots\cdots (1)$

한편, $\displaystyle\int_0^1 f(x)^2 dx \int_0^1 x^2 dx \xrightarrow{[\text{문제}20]} \geq \left(\int_0^1 xf(x)dx \right)^2 \xrightarrow{(1)} \geq \dfrac{1}{9}$

$\therefore \dfrac{1}{9} \leq \dfrac{1}{3} \displaystyle\int_0^1 f(x)^2 dx \Rightarrow \dfrac{1}{3} \leq \int_0^1 f(x)^2 dx$

[문제22] 부등식

$$\left(\int_a^b f(x)dx\right)\left(\int_a^b \sqrt{f(x)^4+1}\,dx\right) \le \frac{1}{2\sqrt{2}}\left(\int_a^b f(x)^2+1dx\right)^2 \ \text{이}$$

성립함을 증명하시오. (단, $f(x)$는 연속이고, 상수함수는 아니다.)

$$\left(\int_a^b \sqrt{f(x)^4 + 1}\, dx \right)^2$$

$$= \left(\int_a^b \sqrt{f(x)^2 - \sqrt{2}\, f(x) + 1}\, \sqrt{f(x)^2 + \sqrt{2}\, f(x) + 1}\, dx \right)^2$$

$$\xrightarrow{[\text{문제}20]} \leq \left(\int_a^b f(x)^2 - \sqrt{2}\, f(x) + 1\, dx \right) \times$$

$$\left(\int_a^b f(x)^2 + \sqrt{2}\, f(x) + 1\, dx \right)$$

$$= \left(\int_a^b f(x)^2 + 1\, dx - \int_a^b \sqrt{2}\, f(x)\, dx \right) \left(\int_a^b f(x)^2 + 1\, dx + \int_a^b \sqrt{2}\, f(x)\, dx \right)$$

$$= \left(\int_a^b f(x)^2 + 1\, dx \right)^2 - \left(\int_a^b \sqrt{2}\, f(x)\, dx \right)^2 \quad \cdots\cdots\cdots (1)$$

한편,

$$2 \left(\int_a^b \sqrt{f(x)^4 + 1}\, dx \right) \left(\int_a^b \sqrt{2}\, f(x)\, dx \right) \xrightarrow[\text{기하}]{\text{산술,}} \leq \left(\int_a^b \sqrt{f(x)^4 + 1}\, dx \right)^2$$

$$+ \left(\int_a^b \sqrt{2}\, f(x)\, dx \right)^2$$

$$\xrightarrow{(1)} \leq \left(\int_a^b f(x)^2 + 1\, dx \right)^2 \Rightarrow 2\sqrt{2} \int_a^b \sqrt{f(x)^4 + 1}\, dx \int_a^b f(x)\, dx$$

$$\leq \left(\int_a^b f(x)^2 + 1\, dx \right)^2$$

$$\therefore \left(\int_a^b f(x)\, dx \right) \left(\int_a^b \sqrt{f(x)^4 + 1}\, dx \right) \leq \frac{1}{2\sqrt{2}} \left(\int_a^b f(x)^2 + 1\, dx \right)^2$$

[문제23] $\forall a_i \in R$ 일 때, 부등식 $0 \leq \displaystyle\sum_{i,j=1}^{n}\left(\dfrac{a_i a_j}{i+j-1}\right)$ 이 성립함을 증명하시오.

증명

$$\sum_{i,j=1}^{n}\left(\dfrac{a_i a_j}{i+j-1}\right)$$

$$= \sum_{i,j=1}^{n}\left(a_i a_j\right)\int_0^1 x^{i+j-2}\,dx = \int_0^1\left(\sum_{i=1}^{n} a_i x^{i-1}\right)\left(\sum_{j=1}^{n} a_j x^{j-1}\right)dx$$

$$= \int_0^1\left(\sum_{i=1}^{n} a_i x^{i-1}\right)^2 dx \xrightarrow{\text{[문제20]}} \geq \left(\int_0^1 \sum_{i=1}^{n} a_i x^{i-1}\,dx\right)^2$$

$$= \left(\sum_{i=1}^{n} a_i \int_0^1 x^{i-1}dx\right)^2$$

$$= \left(\sum_{i=1}^{n} a_i \dfrac{1}{i}\right)^2 \geq 0$$

[문제24] 부등식 $3\left(\displaystyle\int_0^1 f(x)dx\right)^2 \leq \displaystyle\int_0^1 4f(x^2)^2\,dx$ 이 성립함을

증명하시오. (단, $f(x)$는 연속이고, 상수함수는 아니다.)

$$\frac{4}{3}\int_0^1 f(x^2)^2dx = \int_0^1 (2x)^2\,dx\int_0^1 f(x^2)^2dx \xrightarrow{[\text{문제}20]} \geq \left(\int_0^1 f(x^2)2x\,dx\right)^2$$

$$\xrightarrow{x^2=t}$$

$$=\left(\int_0^1 f(t)dt\right)^2 = \left(\int_0^1 f(x)dx\right)^2 \quad \therefore \frac{3}{4}\left(\int_0^1 f(x)dx\right)^2 \leq \int_0^1 f(x^2)^2\,dx$$

[문제25] $1 = \int_0^1 x f(x) dx = \int_0^1 f(x) dx$ 일 때,

부등식 $4 \leq \int_0^1 f(x)^2 dx$ 이 성립함을 증명하시오. (단, $f(x)$는 연속이고,

상수함수는 아니다.)

증명

$\int_0^1 f(x)\left(x - \dfrac{1}{3}\right) dx \xrightarrow{\text{조건식}} = \dfrac{2}{3}$

$\Rightarrow \dfrac{4}{9} = \left(\int_0^1 f(x)\left(x - \dfrac{1}{3}\right) dx\right)^2 \xrightarrow{[\text{문제}20]} \leq \int_0^1 f(x)^2 dx \int_0^1 \left(x - \dfrac{1}{3}\right)^2 dx$

$= \dfrac{1}{9} \int_0^1 f(x)^2 dx$

$\therefore \int_0^1 f(x)^2 dx \geq 4$

[문제26] $f(x) > 0$ 일 때, 부등식

$$\left(\int_0^1 f(x)dx\right)\left(\int_0^1 f(x)^2\,dx\right) \le \int_0^1 f(x)^3\,dx$$ 이 성립함을 증명하시오.

(단, $f(x)$는 연속이고, 상수함수는 아니다.)

<table>
<tr><td></td></tr>
</table>

증명

$$\int_0^1 f(x)^3 dx \int_0^1 f(x)dx = \int_0^1 (f(x)\sqrt{f(x)})^2 dx \int_0^1 (\sqrt{f(x)})^2 dx \xrightarrow{[문제20]}$$

$$\ge \left(\int_0^1 f(x)^2\,dx\right)^2 = \int_0^1 f(x)^2 dx \int_0^1 f(x)^2 dx \int_0^1 1^2 dx \xrightarrow{[문제20]}$$

$$\ge \left(\int_0^1 f(x)^2 dx\right)\left(\int_0^1 f(x)dx\right)^2$$

$$\therefore \int_0^1 f(x)^3 dx \ge \int_0^1 f(x)^2\,dx \int_0^1 f(x)dx$$

[문제27] $f(x)$는 실근을 갖는 n차 다항식일 때, 부등식

$f(x)f''(x) \leq f'(x)^2$ 이 성립함을 증명하시오.

$f(x) = \prod_{i=1}^{n}(x-\alpha_i)$ 라고 하자.

$f'(x) = (x-\alpha_2)\cdots(x-\alpha_n) + (x-\alpha_1)(x-\alpha_3)\cdots(x-\alpha_n) + \cdots$
$+ (x-\alpha_1)\cdots(x-\alpha_{n-1})$

$\Rightarrow \dfrac{f'(x)}{f(x)} = \sum_{i=1}^{n}\dfrac{1}{x-\alpha_i} \Rightarrow \dfrac{d}{dx}\left(\dfrac{f'(x)}{f(x)}\right) = -\sum_{i=1}^{n}\dfrac{1}{(x-\alpha_i)^2} < 0$

$\Rightarrow \dfrac{f''(x)f(x) - f'(x)^2}{f(x)^2} < 0$

$\therefore f(x)f''(x) < f'(x)^2$

[문제28] $m \geq 1, a_i > 0$ 일 때, 부등식

$$\left(\frac{a_1 + a_2 + \cdots + a_n}{n}\right)^m \leq \frac{a_1^m + a_2^m + \cdots + a_n^m}{n}$$ 이 성립함을 증명하시오.

증명

$$f(x) = x^m \Rightarrow f''(x) = m(m-1)x^{m-2} \geq 0 \xrightarrow{\;[\text{정리}1]\;}$$

$$\Rightarrow \left(\frac{a_1 + a_2 + \cdots + a_n}{n}\right)^m \leq \frac{a_1^m + a_2^m + \cdots + a_n^m}{n}$$

[문제29] $m \geq 1, a_i > 0$ 일 때,

부등식 $\dfrac{1}{n}\left(\displaystyle\sum_{i=1}^{n} \sqrt[m]{a_i}\right) \leq \sqrt[m]{\dfrac{a_1 + a_2 + \cdots + a_n}{n}}$ 이 성립함을 증명하시오.

증명

$$f(x) = \sqrt[m]{x} \Rightarrow f''(x) = \frac{1-m}{m^2} x^{\frac{1}{m}-2} \leq 0 \xrightarrow{\text{[정리1]}}$$

$$\Rightarrow \frac{1}{n}\left(\sqrt[m]{a_1} + \sqrt[m]{a_2} + \cdots + \sqrt[m]{a_n}\right) \leq \sqrt[m]{\frac{a_1 + a_2 + \cdots + a_n}{n}}$$

[문제30] $a, b, c \in N$ 일 때, 부등식 $\dfrac{a+b+c}{3} \leq \sqrt[a+b+c]{a^a b^b c^c}$ 이

성립함을 증명하시오.

증 명

$f(x) = x \ln x \Rightarrow f''(x) = \dfrac{1}{x} > 0 \xrightarrow{\text{[정리1]}}$

$\Rightarrow \dfrac{a+b+c}{3} \ln\left(\dfrac{a+b+c}{3}\right) \leq \dfrac{a\ln a + b\ln b + c\ln c}{3}$

$\Rightarrow \ln\left(\dfrac{a+b+c}{3}\right) \leq \left(\dfrac{1}{a+b+c}\right)\ln\left(a^a b^b c^c\right) = \ln \sqrt[a+b+c]{a^a b^b c^c}$

$\therefore \dfrac{a+b+c}{3} \leq \sqrt[a+b+c]{a^a b^b c^c}$

INFINITE
MATHEMATICS

급 수 2

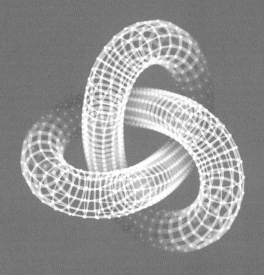

[문제31] $a_0 = 0, a_1 = 1, a_{n+1} + a_{n-1} = \dfrac{4a_n}{a_n^2 + 1}$ 일 때,

$\displaystyle\sum_{i=0}^{n} \left[(a_i a_{i+1} - 1)^2 + (a_i - a_{i+1})^2 \right]$ 값을 구하시오.

풀이

조건식에서 $a_{n+1}(a_n^2 + 1) = 4a_n - (a_n^2 + 1)a_{n-1}$ ········· (1)

$(a_n a_{n+1} - 1)^2 + (a_n - a_{n+1})^2 = 1 + a_{n+1}^2(a_n^2 + 1) - 4a_n a_{n+1} + a_n^2 \overset{(1)}{\longleftrightarrow}$

$= 1 - (a_n^2 + 1)a_{n-1}a_{n+1} + a_n^2$

$\overset{(1)}{\longleftrightarrow} = 1 - 4a_n a_{n-1} + (a_n^2 + 1)a_{n-1}^2 + a_n^2$

$= (a_{n-1}a_n - 1)^2 + (a_n - a_{n-1})^2 = \ldots = (a_1 a_0 - 1)^2 + (a_1 - a_0)^2 = 2$

$\therefore \displaystyle\sum_{i=0}^{n} \left[(a_i a_{i+1} - 1)^2 + (a_i - a_{i+1})^2 \right] = 2(n+1)$

[문제32] 곱 $\displaystyle\prod_{i=1}^{45}(1+\tan(i^\circ))$ 의 값을 구하시오.

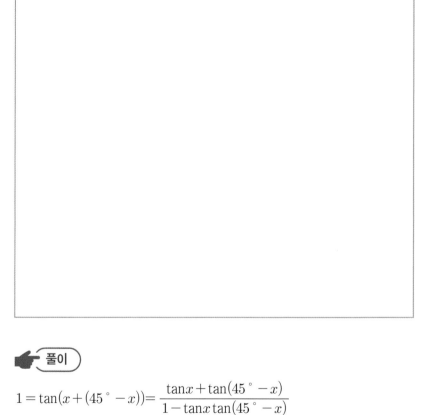

풀이

$$1 = \tan(x + (45^\circ - x)) = \frac{\tan x + \tan(45^\circ - x)}{1 - \tan x \tan(45^\circ - x)}$$

$$\Rightarrow 2 = (1 + \tan x)(1 + \tan(45^\circ - x))$$

$$\Rightarrow \therefore \prod_{i=1}^{45}(1 + \tan(i^\circ)) = 2^{23}$$

[문제33] 곱 $\displaystyle\prod_{i=1}^{n}\left(1-\tan^2\left(\frac{2^i\pi}{2^n+1}\right)\right)$ 의 값을 구하시오.

풀이

$$\cos\left(\frac{2^{n+1}\pi}{2^n+1}\right)=\cos\left(2\pi-\frac{2\pi}{2^n+1}\right)=\cos\left(\frac{2\pi}{2^n+1}\right)\cdots\cdots(1)$$

$$\sin\left(\frac{2^{n+1}\pi}{2^n+1}\right)=\sin\left(2\pi-\frac{2\pi}{2^n+1}\right)=-\sin\left(\frac{2\pi}{2^n+1}\right)\cdots\cdots(2)$$

$$\therefore\prod_{i=1}^{n}\left(1-\tan^2\left(\frac{2^i\pi}{2^n+1}\right)\right)\xleftarrow{1-\tan^2\theta=\dfrac{\cos2\theta}{\cos^2\theta}}=\prod_{i=1}^{n}\frac{\cos\left(\dfrac{2^{i+1}\pi}{2^n+1}\right)}{\cos^2\left(\dfrac{2^i\pi}{2^n+1}\right)}$$

$$\xleftarrow{(1)}=\frac{1}{\displaystyle\prod_{i=1}^{n}\cos\left(\dfrac{2^i\pi}{2^n+1}\right)}$$

$$=\frac{2^n\sin\left(\dfrac{2\pi}{2^n+1}\right)}{2^n\sin\left(\dfrac{2\pi}{2^n+1}\right)\cdot\displaystyle\prod_{i=1}^{n}\cos\left(\dfrac{2^i\pi}{2^n+1}\right)}\xrightarrow{\ (2)\ }{2\sin\theta\cos\theta=\sin2\theta}=-2^n$$

[문제34] $[x]$는 가우스 부호일 때, 가우스 $\left[\displaystyle\sum_{i=2}^{10^4} \dfrac{1}{\sqrt{i}}\right]$의 값을 구하시오.

풀이

$n \geq 2 \Rightarrow \dfrac{1}{\sqrt{n+1}+\sqrt{n}} < \dfrac{1}{2\sqrt{n}} < \dfrac{1}{\sqrt{n}+\sqrt{n-1}}$

$\Rightarrow 2\left(\sqrt{n+1}-\sqrt{n}\right) < \dfrac{1}{\sqrt{n}} < 2\left(\sqrt{n}-\sqrt{n-1}\right)$

$\Rightarrow \displaystyle\sum_{i=2}^{n} 2\left(\sqrt{i+1}-\sqrt{i}\right) < \sum_{i=2}^{n} \dfrac{1}{\sqrt{i}} < \sum_{i=2}^{n} 2\left(\sqrt{i}-\sqrt{i-1}\right)$

$\Rightarrow 2\left(\sqrt{n+1}-\sqrt{2}\right) < \displaystyle\sum_{i=2}^{n} \dfrac{1}{\sqrt{i}} < 2\left(\sqrt{n}-1\right) \xrightarrow{\;n=10^4\;} \therefore \left[\displaystyle\sum_{i=2}^{10^4} \dfrac{1}{\sqrt{i}}\right]$

$= 197$

[문제35] 합 $\displaystyle\sum_{i=1}^{m} \frac{1}{\sin(in)\sin((i+1)n)}$ 의 값을 구하시오.

풀이

$I = \displaystyle\sum_{i=1}^{m} \frac{1}{\sin(in)\sin((i+1)n)}$ 이라 하자.

$\Rightarrow I\sin(n) = \displaystyle\sum_{i=1}^{m} \frac{\sin((i+1)n - in)}{\sin(in)\sin((i+1)n)} = \sum_{i=1}^{m} \cot(in) - \cot(i+1)n$

$= \cot n - \cot(m+1)n$

$\therefore I = \dfrac{\cot(n) - \cot(m+1)n}{\sin(n)}$

[문제36] 합 $\displaystyle\sum_{k=1}^{n}(k!)(k^2+1)$ 의 값을 구하시오.

 풀이

$\displaystyle\sum_{k=1}^{n}(k!)(k^2+1)=\sum_{k=1}^{n}\left\{(k!)k^2+(k!)k-(k!)k+(k!)\right\}$

$\displaystyle=\sum_{k=1}^{n}\left\{(k!)(k^2+k)-((k-1)!)((k-1)^2+(k-1))\right\}$

$=(n!)(n^2+n)=n\cdot(n+1)!$

[문제37] $|a| < 1,\ (a \neq 0)$ 일 때, 합 $\displaystyle\sum_{i=1}^{\infty} i^2\left(a^i\right)$ 의 값을 구하시오.

 풀이

$$\sum_{i=0}^{\infty} a^i = \frac{1}{1-a} \xrightarrow{\text{미분}} \frac{1}{(1-a)^2} = \frac{d}{da}\left(\sum_{i=0}^{\infty} a^i\right) = \sum_{i=1}^{\infty} i\,a^{i-1}$$

$$\xrightarrow{a\,\text{곱}} \frac{a}{(1-a)^2} = \sum_{i=1}^{\infty} i\,a^i$$

$$\xrightarrow{\text{미분}} \frac{1+a}{(1-a)^3} = \sum_{i=1}^{\infty} i^2\,a^{i-1} \xrightarrow{a\,\text{곱}} \therefore \sum_{i=1}^{\infty} i^2\left(a^i\right) = \frac{a(1+a)}{(1-a)^3}$$

[문제38] $\displaystyle\sum_{i=1}^{n} a_i \left(_n C_i\right) = \dfrac{n}{n+1}$ 일 때, 일반항 a_i을 구하시오.

👉 풀이

$$_{n+1}C_{i+1} = \frac{(n+1)!}{(i+1)!\,(n-i)!} = \left(\frac{n+1}{i+1}\right){}_n C_i \quad \cdots\cdots (1)$$

$$0 = (1-1)^{n+1} = 1 - (n+1) + \sum_{i=1}^{n} (-1)^{i+1} {}_{n+1}C_{i+1}$$

$$\Rightarrow n = \sum_{i=1}^{n} (-1)^{i+1} {}_{n+1}C_{i+1} \quad \cdots\cdots (2)$$

조건식에서

$$\sum_{i=1}^{n} a_i\,(n+1)\,_n C_i = n \overset{(2)}{\Longleftrightarrow} = \sum_{i=1}^{n} (-1)^{i+1} {}_{n+1}C_{i+1} \overset{(1)}{\Longleftrightarrow}$$

$$= \sum_{i=1}^{n} (-1)^{i+1} \left(\frac{n+1}{i+1}\right)\,_n C_i$$

$$\therefore a_i = \frac{(-1)^{i+1}}{i+1}$$

[문제39] 급수 $\displaystyle\sum_{i=1}^{n} \dfrac{\sec^2\left(\dfrac{a}{2^i}\right)}{4^i}$ 의 합을 구하시오.

풀이

$$4\cot^2(2a) = 4\left(\frac{1-\tan^2 a}{2\tan a}\right)^2 = \cot^2 a - 2 + \tan^2 a \quad \cdots\cdots (1)$$

$$\therefore \sum_{i=1}^{n} \frac{\sec^2\left(\dfrac{a}{2^i}\right)}{4^i}$$

$$= \sum_{i=1}^{n}\left(\frac{1}{4^i}\right)\left(\frac{\sin^2\dfrac{a}{2^i}+\cos^2\dfrac{a}{2^i}}{\cos^2\dfrac{a}{2^i}}\right) = \sum_{i=1}^{n}\frac{1}{4^i} + \sum_{i=1}^{n}\frac{\tan^2\dfrac{a}{2^i}}{4^i} \overset{(1)}{\Longleftrightarrow}$$

$$= \frac{1}{3}\left(1-\frac{1}{4^n}\right) + 2\sum_{i=1}^{n}\frac{1}{4^i} + \sum_{i=1}^{n}\left(\frac{\cot^2\dfrac{a}{2^{i-1}}}{4^{i-1}} - \frac{\cot^2\dfrac{a}{2^i}}{4^i}\right)$$

$$= 1 - \frac{1}{4^n} + \cot^2 a - \frac{\cot^2\dfrac{a}{2^n}}{4^n}$$

$$= \mathrm{cosec}^2 a - \frac{\mathrm{cosec}^2\dfrac{a}{2^n}}{4^n}$$

[문제40] $a_1 = 2$, $a_{n+1} = \dfrac{a_n}{2} + \dfrac{1}{a_n}$ 일 때, 일반항 a_n 을 구하시오.

👉 풀이

$a_n = \dfrac{p_n}{q_n} \sqrt{2}$ 하자. 조건식에서 $\dfrac{p_{n+1}}{q_{n+1}} \sqrt{2} = \dfrac{p_n}{q_n \sqrt{2}} + \dfrac{q_n}{p_n \sqrt{2}}$

$= \dfrac{(p_n^2 + q_n^2)}{2 p_n q_n} \sqrt{2}$

$\Rightarrow p_{n+1} = p_n^2 + q_n^2$, $q_{n+1} = 2 p_n q_n$, $\left(p_1 = \sqrt{2}, q_1 = 1 \right) \xrightarrow{\text{더하고, 빼면}}$

$\Rightarrow \begin{cases} p_{n+1} + q_{n+1} = (p_n + q_n)^2 = \ ... \ = (p_1 + q_1)^{2^n} = \left(\sqrt{2} + 1 \right)^{2^n} \\ p_{n+1} - q_{n+1} = (p_n - q_n)^2 = \ ... \ = (p_1 - q_1)^{2^n} = \left(\sqrt{2} - 1 \right)^{2^n} \end{cases}$

연립하면

$\therefore a_{n+1} = \dfrac{p_{n+1}}{q_{n+1}} \sqrt{2} = \left(\dfrac{\left(\sqrt{2} + 1 \right)^{2^n} + \left(\sqrt{2} - 1 \right)^{2^n}}{\left(\sqrt{2} + 1 \right)^{2^n} - \left(\sqrt{2} - 1 \right)^{2^n}} \right) \sqrt{2}$

[문제41] 급수 $\displaystyle\sum_{i=0}^{n} \frac{1}{2^i}\left(\tan\frac{a}{2^i}\right)$ 의 합을 구하시오.

👈 풀이

$$\cot x - \tan x = 2\left(\frac{1-\tan^2 x}{2\tan x}\right) = 2\cot(2x) \quad\cdots\cdots\cdots (1)$$

한편, $\displaystyle\frac{1}{2^n}\cot\frac{a}{2^n} - \sum_{i=0}^{n}\frac{1}{2^i}\left(\tan\frac{a}{2^i}\right) \overset{(1)}{\Longleftrightarrow} = \cot a - \tan a = 2\cot(2a)$

$\therefore \displaystyle\sum_{i=0}^{n}\frac{1}{2^i}\left(\tan\frac{a}{2^i}\right) = \frac{1}{2^n}\cot\frac{a}{2^n} - 2\cot(2a)$

[문제42] $u(x) = \sum\limits_{i=0}^{\infty} \dfrac{x^{3i}}{(3i)!}$, $v(x) = \sum\limits_{i=0}^{\infty} \dfrac{x^{3i+1}}{(3i+1)!}$,

$w(x) = \sum\limits_{i=0}^{\infty} \dfrac{x^{3i+2}}{(3i+2)!}$ 일 때, 다음 식 $u(x)^3 + v(x)^3 + w(x)^3$

$- 3u(x)v(x)w(x)$ 을 간단히 하시오.

👉 풀이

$f(x) = u(x)^3 + v(x)^3 + w(x)^3 - 3u(x)v(x)w(x)$ 라고 하자.

$u'(x) = \sum\limits_{i=1}^{\infty} \dfrac{x^{3i-1}}{(3i-1)!} = \sum\limits_{i=0}^{\infty} \dfrac{x^{3i+2}}{(3i+2)!} = w(x)$, $v'(x) = \sum\limits_{i=0}^{\infty} \dfrac{x^{3i}}{(3i)!} = u(x)$,

$w'(x) = v(x)$

$\Rightarrow f'(x) = 3u'(x)u(x)^2 + 3v'(x)v(x)^2 + 3w'(x)w(x)^2$

$\qquad - 3(u'vw + uv'w + uvw') \xleftarrow{\text{윗 식을 대입}}$

$= 0 \Rightarrow f(x) = c \xrightarrow{x=0} c = 1. \therefore f(x) = 1$

[문제43] 곱 $\displaystyle\prod_{i=0}^{n-1}\left(1+\sec(2^i a)\right)$ 의 값을 간단히 하시오.

풀이

$$\tan\left(\frac{a}{2}\right) = \sqrt{\frac{1-\cos a}{1+\cos a}} = \frac{1-\cos a}{\sin a} \quad \cdots\cdots (1)$$

$$\therefore \prod_{i=0}^{n-1}\left(1+\sec(2^i a)\right)$$

$$= \left(\frac{1+\cos a}{\cos a}\right)\left(\frac{2\cos^2 a}{\cos 2a}\right)\left(\frac{2\cos^2 2a}{\cos 2^2 a}\right)\cdots\left(\frac{2\cos^2 2^{n-2} a}{\cos 2^{n-1} a}\right)$$

$$= (1+\cos a)(2\cos a)(2\cos 2a)\cdots\left(2\cos 2^{n-2} a\right)\frac{1}{\cos 2^{n-1} a}$$

$$= \left(\frac{\sin^2 a}{1-\cos a}\right)(2\cos a)\cdots\left(2\cos 2^{n-2} a\right)\frac{1}{\cos 2^{n-1} a}$$

$$= \left(\frac{\sin a}{1-\cos a}\right)\left(\sin 2^{n-1} a\right)\frac{1}{\cos 2^{n-1} a} \quad \overset{(1)}{\Longleftrightarrow}$$

$$= \frac{\tan 2^{n-1} a}{\tan\left(\dfrac{a}{2}\right)}$$

[문제44] 합 $\displaystyle\sum_{i=1}^{2n-1}\frac{(-1)^{i-1}}{{}_{2n}C_i}$ 의 값을 구하시오.

👉 **풀이**

$$\frac{1}{(2n+1)\,{}_{2n}C_i}=\frac{(i)!\,(2n-i)!}{(2n+1)\,(2n)!}=\frac{(i)!\,(2n-i)!\,(2n+2)}{(2n+2)!}$$

$$=\frac{(i)!\,(2n-i)!\,(2n-i+1+i+1)}{(2n+2)!}$$

$$=\frac{1}{2n+2}\left(\frac{1}{{}_{2n+1}C_i}+\frac{1}{{}_{2n+1}C_{i+1}}\right)\cdots\cdots(1)$$

한편, $\displaystyle\frac{1}{2n+1}\left(\sum_{i=1}^{2n-1}\frac{(-1)^{i-1}}{{}_{2n}C_i}\right)\overset{(1)}{\longleftrightarrow}=$

$$\frac{1}{2n+2}\left(\frac{1}{{}_{2n+1}C_1}+\frac{1}{{}_{2n+1}C_2}-\frac{1}{{}_{2n+1}C_2}-\cdots+\frac{1}{{}_{2n+1}C_{2n}}\right)$$

$$=\frac{1}{2n+2}\left(\frac{1}{{}_{2n+1}C_1}+\frac{1}{{}_{2n+1}C_{2n}}\right)=\frac{(2n)!}{(n+1)(2n+1)!}=\frac{1}{(n+1)(2n+1)}$$

$$\therefore\ \sum_{i=1}^{2n-1}\frac{(-1)^{i-1}}{{}_{2n}C_i}=\frac{1}{n+1}$$

[문제45] 합 $\displaystyle\sum_{i=0}^{\infty} \frac{1}{(i+1)3^i}$ 의 값을 구하시오.

👉 **풀이**

$$f(x) = \sum_{n=0}^{\infty} \frac{x^{n+1}}{n+1} \Rightarrow f'(x) = \sum_{n=0}^{\infty} x^n = \frac{1}{1-x}$$

$$\Rightarrow \int_0^x f'(t)dt = \int_0^x \frac{1}{1-t}\,dt$$

$$\Rightarrow f(x) = -\ln(1-x) = -\sum_{i=0}^{\infty} \frac{x^{i+1}}{i+1}$$

한편, $\displaystyle\sum_{i=0}^{\infty} \frac{x^i}{i+1} = \left(\frac{1}{x}\right)\sum_{i=0}^{\infty} \frac{x^{i+1}}{i+1} = -\frac{\ln(1-x)}{x}$

$$\therefore \sum_{i=0}^{\infty} \frac{1}{(i+1)3^i} = 3\ln\left(\frac{3}{2}\right)$$

[문제46] 합 $\displaystyle\sum_{i=1}^{n} i^2 \left(_n C_i\right)$ 의 값을 구하시오.

풀이

$$(1+x)^n = \sum_{i=0}^{n} {}_n C_i\, x^i \xrightarrow{\text{미분}} n(1+x)^{n-1} = \sum_{i=1}^{n} {}_n C_i\left(i\,x^{i-1}\right)$$

$$= \frac{1}{x}\sum_{i=1}^{n} {}_n C_i\left(i\,x^i\right)\cdots(1)$$

$$\xrightarrow{x=1} n\left(2^{n-1}\right) = \sum_{i=1}^{n} {}_n C_i(i) \xrightarrow{(1)\,\text{미분}} n(n-1)(1+x)^{n-2}$$

$$= \frac{\displaystyle\sum_{i=1}^{n} {}_n C_i\left(i^2\,x^i\right) - \sum_{i=1}^{n} {}_n C_i\left(i\,x^i\right)}{x^2}$$

$$\xrightarrow{x=1} n(n-1)2^{n-2} = \sum_{i=1}^{n} {}_n C_i\left(i^2\right) - \sum_{i=1}^{n} {}_n C_i(i) \xrightarrow{\text{윗식 대입}}$$

$$\therefore \sum_{i=1}^{n} i^2 \left(_n C_i\right) = n(n+1)2^{n-2}$$

[문제47] 무한급수 $\displaystyle\sum_{i=0}^{\infty} \frac{(-1)^i}{3^i} \cos^3(3^i x)$ 의 값을 구하시오.

 풀이

$$\cos^3\theta = \frac{3\cos\theta + \cos3\theta}{4} \ \cdots\cdots\cdots(1) \quad \therefore \sum_{i=0}^{\infty} \frac{(-1)^i}{3^i}\cos^3(3^i x)$$

$$= \cos^3 x - \frac{\cos^3 3x}{3} + \frac{\cos^3 3^2 x}{3^2} - \cdots \overset{(1)}{\longleftrightarrow} = \frac{3}{4}\cos x + \frac{\cos3x}{4} - \frac{\cos3x}{4} + \cdots$$

$$= \frac{3}{4}\cos x \cdot \left(\because \lim_{n\to\infty} \frac{(-1)^n}{4\cdot3^n}\cos^3(3^{n+1}x) = 0 \right)$$

[문제48] 합 $\displaystyle\sum_{i=0}^{n} \dfrac{1}{(n-i)!\,(n+i)!}$ 의 값을 구하시오.

풀이

$$(1+x)^{2n} = \sum_{i=0}^{2n} {}_{2n}C_i\, x^i \xrightarrow{\;x=1\;} 2^{2n} = 2\left(\sum_{i=0}^{n-1} {}_{2n}C_i\right) + {}_{2n}C_n \;\cdots\cdots (1)$$

$$\sum_{i=0}^{n} \dfrac{1}{(n-i)!\,(n+i)!}$$

$$= \sum_{i=0}^{n} \dfrac{(2n)!}{(2n)!\,(n-i)!\,(n+i)!} = \dfrac{1}{(2n)!}\sum_{i=0}^{n} {}_{2n}C_{n-i} \xleftrightarrow{(1)}$$

$$= \dfrac{1}{(2n)!}\left({}_{2n}C_n + 2^{2n-1} - \dfrac{{}_{2n}C_n}{2}\right) = \dfrac{2^{2n-1}}{(2n)!} + \dfrac{1}{2\cdot(n!)^2}$$

함수방정식 3

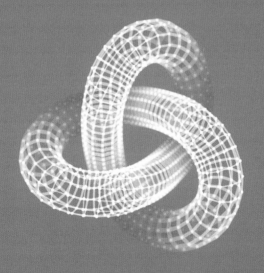

[문제49] 방정식 $\dfrac{\sin x}{\cos 3x}+\dfrac{\sin 3x}{\cos 9x}+\dfrac{\sin 9x}{\cos 27x}=0$ 일 때, 해 x의 값을 구하시오.

👉 풀이

$$\tan 3\alpha - \tan\alpha = \frac{\sin 3\alpha\cos\alpha - \cos 3\alpha\sin\alpha}{\cos\alpha\cos 3\alpha} = \frac{\sin 2\alpha}{\cos 3\alpha\cos\alpha}$$

$$= \frac{2\sin\alpha}{\cos 3\alpha} \cdots (1)$$

$$0 = \frac{\sin x}{\cos 3x}+\frac{\sin 3x}{\cos 9x}+\frac{\sin 9x}{\cos 27x} \xleftrightarrow{(1)} = \frac{1}{2}(\tan 27x - \tan x)$$

$$\Rightarrow \tan 27x = \tan(n\pi + x),\,(n\in Z)$$

$$\therefore x = \frac{n\pi}{26},\,(n\in Z)$$

[문제50] 방정식 $\csc(2x) + \csc(4x) + \csc(8x) = 0$ 일 때, 해 x 의 값을 구하시오.

 풀이

$$\cot x - \cot 2x = \frac{\sin 2x \cos x - \cos 2x \sin x}{\sin x \sin 2x} = \frac{1}{\sin 2x} = \csc 2x \quad \cdots\cdots (1)$$

$$0 = \csc(2x) + \csc(4x) + \csc(8x) \overset{(1)}{\longleftrightarrow} = \cot x - \cot 8x \Rightarrow \cot 8x$$

$$= \cot(n\pi + x), \, (n \in Z)$$

$$\therefore x = \frac{n\pi}{7}, \, (n \in Z)$$

[문제51] $\csc x \csc 2x + \csc 2x \csc 3x + \csc 3x \csc 4x = 0$ 일 때,
해 x 값을 구하시오.

👉 풀이

$$\cot(nx) - \cot(n+1)x = \frac{\sin(n+1)x\cos nx - \cos(n+1)x\sin nx}{\sin(nx)\sin(n+1)x}$$

$$= \frac{\sin x}{\sin(nx)\sin(n+1)x} \quad \cdots\cdots\cdots (1)$$

$$0 = \csc x \csc 2x + \csc 2x \csc 3x + \csc 3x \csc 4x \overset{(1)}{\Longleftrightarrow}$$

$$= \frac{1}{\sin x}(\cot x - \cot 2x + \cot 2x - \cdots - \cot 4x)$$

$$= \frac{1}{\sin x}(\cot x - \cot 4x) \Rightarrow \cot 4x = \cot(n\pi + x), \, (n \in Z)$$

$$\Rightarrow \therefore x = \frac{n\pi}{3}, \, (n \in Z, \, n \neq 3k)$$

[문제52] $\tan x + 2\tan 2x + 4\tan 4x = \cot x$ 일 때, 해 x 값을 구하시오.

 풀이

$$\cot x - \tan x = \frac{\cos^2 x - \sin^2 x}{\sin x \cos x} = \frac{1 - \tan^2 x}{\tan x} = 2\cot 2x \cdots\cdots\cdots (1)$$

조건식에서 $0 = \cot x - \tan x - 2\tan 2x - 4\tan 4x \xleftrightarrow{(1)} = 8\cot 8x$

$$\Rightarrow 8x = n\pi + \frac{\pi}{2}, \, (n \in Z)$$

$$\therefore x = \frac{\pi}{16} + \frac{n\pi}{8}, \, (n \in Z)$$

[문제53] $xy\left(x^2-y^2\right)=x^2+y^2$, $(x\neq 0)$일 때, $\left(x^2+y^2\right)$ 의 최솟값을 구하시오.

👈 풀이

$$\frac{\left(x^2-y^2\right)^2+(2xy)^2}{\left(x^2+y^2\right)^2}=1\Rightarrow\cos\theta=\frac{x^2-y^2}{x^2+y^2}\ ,\ \sin\theta=\frac{2xy}{x^2+y^2}\ \text{라고 하자.}$$

$$\Rightarrow\sin\theta\cos\theta=\frac{2xy\left(x^2-y^2\right)}{\left(x^2+y^2\right)^2}\xleftarrow{\ \text{조건식}\ }=\frac{2}{x^2+y^2}$$

$$\Rightarrow x^2+y^2=\frac{4}{\sin(2\theta)}\geq 4$$

$$\therefore\ \min=4$$

[문제54] $0 < x < \pi$일 때, $\dfrac{2-\cos x}{\sin x}$ 의 최솟값을 구하시오.

 풀이

$\tan\dfrac{x}{2} = t$ 라고 하자.

$\Rightarrow t > 0$, $\tan x = \dfrac{2t}{1-t^2}$, $\sin x = \dfrac{2t}{1+t^2}$, $\cos x = \dfrac{1-t^2}{1+t^2}$

$\dfrac{2-\cos x}{\sin x} = \dfrac{1+3t^2}{2t} = \dfrac{1}{2t} + \dfrac{3}{2}t \xleftarrow{\text{산술, 기하}}$

$\geq 2\sqrt{\dfrac{3}{4}} = \sqrt{3} \Rightarrow \therefore \min = \sqrt{3}$

[문제55] $\begin{cases} \sin x + \cos y = a \\ \cos x + \sin y = b \end{cases}$ 일 때, $\tan\left(\dfrac{x-y}{2}\right)$ 의 값을 구하시오.

풀이

$$a+b = 2\sin\left(\frac{x+y}{2}\right)\cos\left(\frac{x-y}{2}\right) + 2\cos\left(\frac{x+y}{2}\right)\cos\left(\frac{x-y}{2}\right)$$

$$\Rightarrow (a+b)^2 = 4\cos^2\left(\frac{x-y}{2}\right) + 8\sin\left(\frac{x+y}{2}\right)\cos^2\left(\frac{x-y}{2}\right)\cos\left(\frac{x+y}{2}\right)$$

$$\Rightarrow \frac{(a+b)^2}{4\cos^2\left(\dfrac{x-y}{2}\right)} = 1 + \sin(x+y) \cdots\cdots (1)$$

$$b-a = -2\sin\left(\frac{x+y}{2}\right)\sin\left(\frac{x-y}{2}\right) - 2\cos\left(\frac{x+y}{2}\right)\sin\left(\frac{x-y}{2}\right)$$

$$\Rightarrow (b-a)^2 = 4\sin^2\left(\frac{x-y}{2}\right) + 8\sin\left(\frac{x+y}{2}\right)\sin^2\left(\frac{x-y}{2}\right)\cos\left(\frac{x+y}{2}\right)$$

$$\Rightarrow \frac{(b-a)^2}{4\sin^2\left(\dfrac{x-y}{2}\right)} = 1 + \sin(x+y) \cdots\cdots (2)$$

$$\Rightarrow \frac{(2)}{(1)} \Rightarrow \therefore \tan\left(\frac{x-y}{2}\right) = \pm\frac{b-a}{a+b}$$

[문제56] $a, b, c \in R^+$, $12 = a^2 + b^2 + c^2$ 일 때,

식 $\dfrac{1}{\sqrt{1+a^3}} + \dfrac{1}{\sqrt{1+b^3}} + \dfrac{1}{\sqrt{1+c^3}}$ 의 최솟값을 구하시오.

$$\sqrt{1+a^3} = \sqrt{(1+a)(1-a+a^2)} \xleftarrow{\text{산술, 기하}} \leq \frac{2+a^2}{2}$$

$$\Rightarrow \frac{1}{\sqrt{1+a^3}} \geq \frac{2}{2+a^2}$$

$$\Rightarrow \frac{1}{\sqrt{1+a^3}} + \frac{1}{\sqrt{1+b^3}} + \frac{1}{\sqrt{1+c^3}}$$

$$\geq \frac{2}{2+a^2} + \frac{2}{2+b^2} + \frac{2}{2+c^2} \xleftarrow{\text{[수학논술(1), 정리1]}}$$

$$\geq \frac{\left(\sqrt{2} + \sqrt{2} + \sqrt{2}\right)^2}{(2+a^2) + (2+b^2) + (2+c^2)} \xleftarrow{\text{조건식}} = \frac{18}{18} = 1 \Rightarrow \therefore \min = 1$$

[문제57] $\tan\theta = \dfrac{x^2-3}{x^2+1}$, $(x, \theta \in R)$ 일 때,

$\left| (x^2+1)\cos\theta + (x^2-3)\sin\theta \right|$ 의 **최솟값을 구하시오.**

 풀이

$\left((x^2+1)^2 + (3-x^2)^2 \right)(1^2+1^2) \ge (x^2+1+3-x^2)^2 = 16$

$\Rightarrow (x^2+1)^2 + (3-x^2)^2 \ge 8$

$\xrightarrow{\text{조건식}} \dfrac{x^2+1}{\cos\theta} = \dfrac{x^2-3}{\sin\theta} = k$ 하자.

$\Rightarrow k^2 = \dfrac{(x^2+1)^2}{\cos^2\theta} = \dfrac{(3-x^2)^2}{\sin^2\theta} = \dfrac{(x^2+1)^2 + (3-x^2)^2}{\sin^2\theta + \cos^2\theta}$

$\left| (x^2+1)\cos\theta + (x^2-3)\sin\theta \right|$

$= \left| k\cos^2\theta + k\sin^2\theta \right| = \sqrt{k^2} = \sqrt{(x^2+1)^2 + (3-x^2)^2} \ge \sqrt{8}$

$\therefore \min = 2\sqrt{2}$

[문제58] $a+b=1, (0 < a, b < 1)$일 때, $\dfrac{1-b^2}{b(1+a)} + \dfrac{1-a^2}{a(1+b)}$ 의

최솟값을 구하시오.

👉 풀이

$$\dfrac{1-b^2}{b(1+a)} + \dfrac{1-a^2}{a(1+b)} \xleftrightarrow{\text{조건식}} = \dfrac{a(1+b)}{b(1+a)} + \dfrac{b(1+a)}{a(1+b)} \xleftrightarrow{\text{산술, 기하}}$$

$$\geq 2$$

$$\therefore \min = 2$$

[문제59] $5 = 4x^2 - 5xy + 4y^2$일 때, $x^2 + y^2$의 최댓값, 최솟값을 구하시오.

풀이

$$-1 \le \sin2\theta \le 1 \Rightarrow \frac{2}{13} \le \cfrac{1}{4 - \dfrac{5}{2}\sin2\theta} \le \frac{2}{3} \ \cdots\cdots (1)$$

$x = r\cos\theta$, $y = r\sin\theta$ 하자. $x^2 + y^2 = r^2$ 이다. 조건식에 대입하면 다음과 같다.

$$5 = 4r^2\cos^2\theta - 5r^2\sin\theta\cos\theta + 4r^2\sin^2\theta \Rightarrow r^2 = \frac{5}{4 - 5\sin\theta\cos\theta}$$

$$= \cfrac{5}{4 - \dfrac{5}{2}\sin2\theta} \overset{(1)}{\longleftrightarrow}$$

$$\therefore \min = \frac{10}{13}, \ \max = \frac{10}{3}$$

[문제60] $x, y \in R^+$ 일 때, $\dfrac{2x}{y} + \sqrt{\dfrac{y}{3x}}$ 의 최솟값을 구하시오.

👉 **풀이**

$a = \sqrt{x}$, $b = \sqrt{y}$ 라고 하자. 준 식을 다음처럼 변환할 수 있다.

$$\frac{2x}{y} + \sqrt{\frac{y}{3x}} = \frac{2a^2}{b^2} + \frac{b}{\sqrt{3}\,a} = \frac{2a^2}{b^2} + \frac{b}{2\sqrt{3}\,a} + \frac{b}{2\sqrt{3}\,a}$$

$$\xleftarrow{\text{산술, 기하}} \geq 3\sqrt[3]{\frac{2}{12}} = \frac{3}{\sqrt[3]{6}}$$

$$\therefore \min = \frac{3}{\sqrt[3]{6}}$$

[문제61] $x > y > 0$ 일 때, $\left(x + \dfrac{1}{xy(x-y)}\right)$ 의 최솟값을 구하시오.

👉 **풀이**

$$\frac{3}{2}\left(x + \frac{1}{xy(x-y)}\right) = (x-y) + \frac{x}{2} + y + \frac{3}{2}\left(\frac{1}{xy(x-y)}\right)$$

산술, 기하평균
⟵―――――→

$$\geq 4\sqrt[4]{(x-y)\frac{3xy}{4}\left(\frac{1}{xy(x-y)}\right)} = 4\frac{\sqrt[4]{3}}{\sqrt{2}} \Rightarrow \therefore \min = \frac{4\sqrt[4]{12}}{3}$$

[문제62] $x^2 + \dfrac{y^2}{4} + \dfrac{z^2}{9} = 1$ 일 때, $x^2 + y^2 + z^2$ 의 최댓값, 최솟값을

구하시오.

 풀이

$x = \sin\phi\cos\theta$, $y = 2\sin\phi\sin\theta$, $z = 3\cos\phi$ 로 치환하면,

조건식을 만족한다.

$x^2 + y^2 + z^2 = (\sin\phi\cos\theta)^2 + (2\sin\phi\sin\theta)^2 + (3\cos\phi)^2$

$= 9 + \sin^2\phi(3\sin^2\theta - 8)$

$\therefore \max = 9, \left(\because \sin^2\phi = 0 \right),\ \min = 1, \left(\because \sin^2\phi = 1, \sin^2\theta = 0 \right)$

[문제63] $a^2 + b^2 + ab = 12, (a, b > 0)$ 일 때, 식 $\dfrac{(1+\sqrt{3})a}{2} + b$ 의 최댓값을 구하시오.

👉 풀이

$\dfrac{a}{2} + b = x,\ \dfrac{\sqrt{3}}{2}a = y$ 라고 하자.

$\Rightarrow x^2 + y^2 = a^2 + b^2 + ab = 12$

$\Rightarrow x = \sqrt{12}\cos\theta,\ y = \sqrt{12}\sin\theta$ 라고 하자.

$\therefore \dfrac{(1+\sqrt{3})}{2}a + b = x + y = \sqrt{12}\cos\theta + \sqrt{12}\sin\theta \longleftarrow$ [수학논술(1), 정리]

$\leq \sqrt{24} = 2\sqrt{6}$

$\therefore \max = 2\sqrt{6}$

[문제64] $1 = x^2 + xy + y^2$ 일 때, $x^2 - xy + 2y^2$ 의 최댓값, 최솟값을 구하시오.

$$\boxed{\quad}$$

👉 풀이

$$\left| (2t-1) + \frac{7}{(2t-1)} \right| = |2t-1| + \frac{7}{|2t-1|} \geq 2\sqrt{7} \quad \cdots\cdots (1)$$

$$x^2 - xy + 2y^2 = \frac{x^2 - xy + 2y^2}{x^2 + xy + y^2} \xleftarrow{\frac{x}{y} = t} = \frac{t^2 - t + 2}{t^2 + t + 1}$$

$$= 1 - \frac{4}{4 + (2t-1) + \left(\dfrac{7}{2t-1} \right)} \xrightarrow{(1)}$$

$$\therefore \max = 1 - \frac{4}{4 - 2\sqrt{7}} = \frac{7 + 2\sqrt{7}}{3} \ , \ \min = 1 - \frac{4}{4 + 2\sqrt{7}}$$

$$= \frac{7 - 2\sqrt{7}}{3}$$

[문제65] $x \in R^+$ 일 때, $\dfrac{\sqrt{2}\,x^4 + \sqrt{21}}{\sqrt{x^8 + 7}}$ 의 최댓값을 구하시오.

$$t > 0 \Rightarrow \frac{3t^2 + 14}{2} \geq \sqrt{42t^2} = \sqrt{42}\,t$$

$$\Rightarrow 5(t^2 + 7) \geq 2t^2 + 2\sqrt{42}\,t + 21 = \left(\sqrt{2}\,t + \sqrt{21}\right)^2$$

$$\Rightarrow \sqrt{5} \geq \frac{\sqrt{2}\,t + \sqrt{21}}{\sqrt{t^2 + 7}} \xleftarrow{t = x^4} = \frac{\sqrt{2}\,x^4 + \sqrt{21}}{\sqrt{x^8 + 7}}$$

$$\therefore \max = \sqrt{5}$$

[문제66] $x \in R^+$ 일 때, 분수식 $\dfrac{\left(x+\dfrac{1}{x}\right)^6 - \left(x^6+\dfrac{1}{x^6}\right) - 2}{\left(x+\dfrac{1}{x}\right)^3 + \left(x^3+\dfrac{1}{x^3}\right)}$ 의

최솟값을 구하시오.

👉 **풀이**

$$\left(x+\frac{1}{x}\right)^6 - \left(x^6+\frac{1}{x^6}\right) + 2$$

$$= \left\{\left(x+\frac{1}{x}\right)^3 + \left(x^3+\frac{1}{x^3}\right)\right\}\left\{\left(x+\frac{1}{x}\right)^3 - \left(x^3+\frac{1}{x^3}\right)\right\}$$

$$\Rightarrow \therefore \frac{\left(x+\dfrac{1}{x}\right)^6 - \left(x^6+\dfrac{1}{x^6}\right) - 2}{\left(x+\dfrac{1}{x}\right)^3 + \left(x^3+\dfrac{1}{x^3}\right)}$$

$$= \left(x+\frac{1}{x}\right)^3 - \left(x^3+\frac{1}{x^3}\right) = 3\left(x+\frac{1}{x}\right) \geq 6$$

[문제67] $a, b, c \in R^+$, $abc = 1$ 일 때, $a + b^2 + c^3$ 의 최솟값을 구하시오.

풀이

$$a + b^2 + c^3 = \overbrace{\frac{a}{6} + \cdots + \frac{a}{6}}^{6} + \frac{b^2}{3} + \frac{b^2}{3} + \frac{b^2}{3} + \frac{c^3}{2} + \frac{c^3}{2}$$

$$\xleftarrow{\text{산술, 기하}} \geq 11\sqrt[11]{\frac{(abc)^6}{6^6 3^3 2^2}} = \frac{11}{\sqrt[11]{6^6 3^3 2^2}}$$

$$\therefore \min = \frac{11}{\sqrt[11]{6^6 3^3 2^2}}$$

[문제68] $x > 1$, $x \in R^+$ 일 때, $\dfrac{x^4 - x^2}{x^6 + 2x^3 - 1}$ 의 최댓값을 구하시오.

$x - \dfrac{1}{x} = t$ 라고 하자. $\xrightarrow{\text{조건식}}$ $t > 0$, $t^3 = \left(x^3 - \dfrac{1}{x^3}\right) - 3\left(x - \dfrac{1}{x}\right)$

$= x^3 - \dfrac{1}{x^3} - 3t$

한편, $0 \leq (t-1)^2(t+2) = t^3 - 3t + 2 \Rightarrow \dfrac{1}{t^3} \leq \dfrac{1}{3t - 2}$ ········ (1)

$\dfrac{x^4 - x^2}{x^6 + 2x^3 - 1}$

$= \dfrac{x - \dfrac{1}{x}}{\left(x^3 - \dfrac{1}{x^3}\right) + 2} = \dfrac{t}{t^3 + 3t + 2} \xleftrightarrow{(1)} \leq \dfrac{t}{3t - 2 + 3t + 2} = \dfrac{1}{6}$

$\Rightarrow \max = \dfrac{1}{6}$

[문제69] $x, y \in R^+$, $\sqrt{x} + \sqrt{y} \leq k\sqrt{x+2y}$ 일 때, 최솟값 k 을 구하시오.

👉 **풀이**

$$\sqrt{x} + \sqrt{y} = 3\left(\dfrac{\dfrac{\sqrt{x}}{2} + \dfrac{\sqrt{x}}{2} + \sqrt{y}}{3}\right)$$

$$\xleftarrow{[문제1]} \leq 3\sqrt{\dfrac{\left(\dfrac{\sqrt{x}}{2}\right)^2 + \left(\dfrac{\sqrt{x}}{2}\right)^2 + y}{3}}$$

$$= 3\sqrt{\dfrac{x+2y}{6}} = \left(\sqrt{\dfrac{3}{2}}\right)\sqrt{x+2y} \Rightarrow \therefore \min = \sqrt{\dfrac{3}{2}}$$

[문제70] $a, b, c \in R^+$, $a+b+c=2$ 일 때, 최댓값 $a^n bc$, $(n \in N)$ 을 구하시오.

풀이

$$\sqrt[n+2]{a^n (nb)(nc)} \leq \frac{\overbrace{a+\cdots+a}^{n} + (nb) + (nc)}{n+2} = \frac{n(a+b+c)}{n+2} = \frac{2n}{n+2}$$

$$\Rightarrow \therefore a^n bc \leq \frac{1}{n^2}\left(\frac{2n}{n+2}\right)^{n+2} = n^n \left(\frac{2}{n+2}\right)^{n+2}$$

$$\Rightarrow \max = n^n \left(\frac{2}{n+2}\right)^{n+2}$$

[문제71] $625 = \dfrac{81}{\sin^6 x} + \dfrac{16}{\cos^6 x}$, $\left(0 < x < \dfrac{\pi}{2}\right)$ 일 때, $\tan x$ 의 값을 구하시오.

👉 풀이

$(ax+by)^2 \leq (a^2+b^2)(x^2+y^2)$ 이며 등식이 성립조건은 $\dfrac{x}{a} = \dfrac{y}{b}$ 이다.
······ (1)

$$625 = \left(\dfrac{9^2}{(\sin^3 x)^2} + \dfrac{4^2}{(\cos^3 x)^2}\right)(\sin^2 x + \cos^2 x) \overset{(1)}{\Longleftrightarrow} \geq \left(\dfrac{9}{\sin^2 x} + \dfrac{4}{\cos^2 x}\right)^2$$

$$= \left(\dfrac{3^2}{\sin^2 x} + \dfrac{2^2}{\cos^2 x}\right)^2(\sin^2 x + \cos^2 x)^2 \overset{(1)}{\Longleftrightarrow} \geq (3+2)^4 = 625$$

결국 등식이 성립한다.

$$\Rightarrow \dfrac{\sin^2 x}{\left(\dfrac{81}{\sin^6 x}\right)} = \dfrac{\cos^2 x}{\left(\dfrac{16}{\cos^6 x}\right)} \Rightarrow \dfrac{\sin^8 x}{81} = \dfrac{\cos^8 x}{16} \Rightarrow \tan^8 x = \dfrac{81}{16}$$

$$\Rightarrow \therefore \tan x = \sqrt{\dfrac{3}{2}}$$

[문제72] $0 = x^3 + 3x^2 - 24x + 1$ 의 세 근이 a, b, c일 때,

$\sqrt[3]{a} + \sqrt[3]{b} + \sqrt[3]{c}$ 의 값을 구하시오.

 풀이

근과 계수의 관계에서 $a + b + c = -3$, $ab + bc + ca = -24$, $abc = -1$ 이다.

$$x^3 + y^3 + z^3 - 3xyz = \frac{(x + y + z)}{2}\{(x - y)^2 + (y - z)^2 + (z - x)^2\}$$

$\underline{x = \sqrt[3]{a}, y = \sqrt[3]{b}, z = \sqrt[3]{c}}$

$$\Rightarrow 0 = a + b + c - 3\sqrt[3]{abc}$$

$$= \frac{\sqrt[3]{a} + \sqrt[3]{b} + \sqrt[3]{c}}{2}\{(\sqrt[3]{a} - \sqrt[3]{b})^2 + (\sqrt[3]{b} - \sqrt[3]{c})^2 + (\sqrt[3]{c} - \sqrt[3]{a})^2\}$$

$$\therefore \sqrt[3]{a} + \sqrt[3]{b} + \sqrt[3]{c} = 0$$

[문제73] $0 = x^3 - px^2 + qx - r$ 의 세근이 x_1, x_2, x_3 이고,

$A = \sqrt[3]{x_1} + \sqrt[3]{x_2} + \sqrt[3]{x_3}$,

$B = \sqrt[3]{x_1 x_2} + \sqrt[3]{x_2 x_3} + \sqrt[3]{x_3 x_1}$ 이면, $\begin{cases} A(A^2 - 3B) = p - 3\sqrt[3]{r} \\ B(B^2 - 3\sqrt[3]{r}\,A) = q - 3\sqrt[3]{r} \end{cases}$ 이

성립함을 증명하시오.

증명

근과 계수의 관계에서

$x_1 + x_2 + x_3 = p,\ x_1 x_2 + x_2 x_3 + x_3 x_1 = q,\ x_1 x_2 x_3 = r$

한편,

$(a+b+c)\{(a+b+c)^2 - 3(ab+bc+ca)\}$

$= a^3 + b^3 + c^3 - 3abc \cdots\cdots (1)$

$a = \sqrt[3]{x_1},\ b = \sqrt[3]{x_2},\ c = \sqrt[3]{x_3}$ 라면, $\xrightarrow{(1)} A(A^2 - 3B) = p - 3\sqrt[3]{r}$ 이다.

$a = \sqrt[3]{x_1 x_2},\ b = \sqrt[3]{x_2 x_3},\ c = \sqrt[3]{x_3 x_1}$ 라면,

$\xrightarrow{(1)} B(B^2 - 3\sqrt[3]{r}\,A) = q - 3\sqrt[3]{r}$ 이다.

[문제74] $0 = x^3 - 4x^2 - 11x + 1$ 의 세 근이 a, b, c 라면,

$\sqrt[3]{ab} + \sqrt[3]{bc} + \sqrt[3]{ca}$ 값을 구하시오.

 풀이

근과 계수의 관계에서 $a + b + c = 4$, $ab + bc + ca = -11$, $abc = -1$ 이다.

[문제73]에서 $A^3 - 3AB = 7$, $B^3 + 3AB = -14$ ········ (1)

한편,

$(AB)^3 \xleftarrow{(1)} = -9(AB)^2 - 63(AB) - 98$

$\Rightarrow 0 = (AB + 2)\big((AB)^2 + 7(AB) + 49\big)$

$\Rightarrow AB = -2 \xrightarrow{(1)} B^3 = -8 \Rightarrow B = -2 \Rightarrow \therefore \sqrt[3]{ab} + \sqrt[3]{bc} + \sqrt[3]{ca}$

$= -2$

[문제75] $f(x) + f\left(\dfrac{a^2}{a-x}\right) = x,\ (x \neq a \neq 0)$ 일 때, 함수 $f(x)$을

구하시오.

 풀이

조건식에서 $x \Leftrightarrow \dfrac{a^2}{a-x}$, $x \Leftrightarrow \dfrac{ax-a^2}{x}$ 로 각각 변환해 보면, 다음이 된다.

$$f\left(\dfrac{a^2}{a-x}\right) + f\left(\dfrac{ax-a^2}{x}\right) = \dfrac{a^2}{a-x} \ ,\ f\left(\dfrac{ax-a^2}{x}\right) + f(x) = \dfrac{ax-a^2}{x}$$

세 식을 더하면

$$\Rightarrow 2\left(f(x) + f\left(\dfrac{ax-a^2}{x}\right) + f\left(\dfrac{a^2}{a-x}\right)\right) = x + \dfrac{a^2}{a-x} + \dfrac{ax-a^2}{x} \quad \text{윗 식을 빼면}$$

$$\therefore f(x) = \dfrac{1}{2}\left(x - \dfrac{a^2}{a-x} + \dfrac{ax-a^2}{x}\right)$$

[문제76] $f(x) = \log(\tan x + \sec x)$ 일 때, 식 $\dfrac{10^{f(x)} - 10^{-f(x)}}{2}$ 을

간단히 계산하시오.

 풀이

$\tan \dfrac{x}{2} = t$ 라고 하자.

$\tan x = \dfrac{2t}{1-t^2}$, $\sin x = \dfrac{2t}{1+t^2}$, $\cos x = \dfrac{1-t^2}{1+t^2}$ 이다.

$\tan x + \sec x = \dfrac{1+t}{1-t} \Rightarrow f(x) = \log\left(\dfrac{1+t}{1-t}\right)$, $10^{f(x)} = \dfrac{1+t}{1-t}$,

$$10^{-f(x)} = \dfrac{1-t}{1+t}$$

$\therefore \dfrac{10^{f(x)} - 10^{-f(x)}}{2} = \dfrac{1}{2}\left(\dfrac{1+t}{1-t} - \dfrac{1-t}{1+t}\right) = \dfrac{2t}{1-t^2} = \tan x$

[문제77] $\forall a, b \in Q$, $a < c < b$ 일 때, 초월수 c가 존재함을 증명하시오.

$f(x) = (b-a)x + (4a-3b)$ 라고 하자. $\Rightarrow f(3) = a$, $f(4) = b$, $f(x)$ 는 연속이고 증가함수이다.

$\Rightarrow f(\pi) = (b-a)\pi + (4a-3b) = c$, $a < c < b$ 인 초월수가 존재한다.

[문제78] $f\left(x - \dfrac{b}{a}\right) + 2x \leq \dfrac{a}{b}x^2 + \dfrac{2b}{a} \leq f\left(x + \dfrac{b}{a}\right) - 2x$, $(a, b > 0)$

일 때, 연속함수 $f(x)$을 구하시오.

 풀이

$x - \dfrac{b}{a} = t$ 라 하면, $f(t) + 2\left(t + \dfrac{b}{a}\right) \leq \dfrac{a}{b}\left(t + \dfrac{b}{a}\right)^2 + \dfrac{2b}{a}$

$\Rightarrow f(t) \leq \dfrac{a}{b}t^2 + \dfrac{b}{a}$

한편, $x + \dfrac{b}{a} = t$ 라 하면,

$\dfrac{a}{b}\left(t - \dfrac{b}{a}\right)^2 + \dfrac{2b}{a} \leq f(t) - 2\left(t - \dfrac{b}{a}\right) \Rightarrow \dfrac{a}{b}t^2 + \dfrac{b}{a} \leq f(t)$

$\therefore f(x) = \dfrac{a}{b}x^2 + \dfrac{b}{a}$

INFINITE
MATHEMATICS

극 한 4

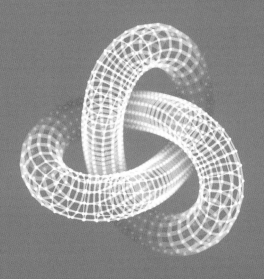

[문제79] $a_1 = 3, a_{n+1} = 2a_n^2 - 1$ 일 때, 극한 $\lim\limits_{n \to \infty} \prod\limits_{i=1}^{n} \left(1 + \dfrac{1}{a_i}\right)$ 의

값을 구하시오.

풀이

(1) $a_1 = \dfrac{1}{2}\left[(3+2\sqrt{2})+(3-2\sqrt{2})\right] = \dfrac{1}{2}\left[(3+2\sqrt{2})+\dfrac{1}{3+2\sqrt{2}}\right]$

$\quad = \dfrac{1}{2}\left(\alpha+\dfrac{1}{\alpha}\right)$

(2) $\dfrac{1}{2}\left(x^2+\dfrac{1}{x^2}\right) = 2\left(\dfrac{1}{2}\left(x+\dfrac{1}{x}\right)\right)^2 - 1 \xrightarrow[\substack{a_{n+1}=\frac{1}{2}\left(x^2+\frac{1}{x^2}\right)}]{a_n = \frac{1}{2}\left(x+\frac{1}{x}\right)} a_{n+1}$

$\quad = 2a_n^2 - 1$

$\xrightarrow{(1)} a_{n+1} = \dfrac{1}{2}\left(\alpha^{2^n}+\dfrac{1}{\alpha^{2^n}}\right)$

$\Rightarrow 1+\dfrac{1}{a_{n+1}} = \dfrac{\left(\alpha^{2^n}\right)^2+2\left(\alpha^{2^n}\right)+1}{\alpha^{2^{n+1}}+1} = \dfrac{\left(\alpha^{2^n}+1\right)^2}{\alpha^{2^{n+1}}+1} = \dfrac{\left(\alpha^{2^n}+1\right)^2\left(\alpha^{2^n}-1\right)}{\left(\alpha^{2^{n+1}}+1\right)\left(\alpha^{2^n}-1\right)}$

$= \dfrac{\left(\alpha^{2^{n+1}}-1\right)\left(\alpha^{2^n}+1\right)}{\left(\alpha^{2^{n+1}}+1\right)\left(\alpha^{2^n}-1\right)} \Rightarrow 1+\dfrac{1}{a_n} = \dfrac{\left(\alpha^{2^n}-1\right)\left(\alpha^{2^{n-1}}+1\right)}{\left(\alpha^{2^n}+1\right)\left(\alpha^{2^{n-1}}-1\right)} \cdots$

$\therefore \lim_{n\to\infty}\prod_{k=1}^{n}\left(1+\dfrac{1}{a_k}\right) \overset{(2)}{\longleftrightarrow} = \left(\dfrac{\alpha+1}{\alpha-1}\right)\left(\lim_{n\to\infty}\dfrac{\alpha^{2^n}-1}{\alpha^{2^n}+1}\right)$

$\overset{(1)}{\longleftrightarrow} = \dfrac{\alpha+1}{\alpha-1} = \dfrac{4+2\sqrt{2}}{2+2\sqrt{2}} = \sqrt{2}$

[문제80] 극한 $\displaystyle\lim_{x\to\pi}\frac{1}{(\pi-x)^2}\left(\sqrt{\frac{4\cos^2 x}{2+\cos x}}-2\right)$ 의 값을 구하시오.

풀이

$$\lim_{x\to\pi}\frac{1}{(\pi-x)^2}\left(\sqrt{\frac{4\cos^2 x}{2+\cos x}}-2\right)$$

$$\xleftarrow{t=\pi-x}=\lim_{t\to 0}\frac{1}{t^2}\left(\sqrt{\frac{4\cos^2 t}{2-\cos t}}-2\right)$$

$$=\lim_{t\to 0}\frac{2}{t^2}\left(\frac{\sqrt{\dfrac{\cos^2 t}{2-\cos t}}-1}{\dfrac{\cos^2 t}{2-\cos t}-1}\right)\left(\frac{\cos^2 t}{2-\cos t}-1\right)$$

$$=\lim_{t\to 0}\frac{2}{t^2}\left(\frac{1}{\sqrt{\dfrac{\cos^2 t}{2-\cos t}}+1}\right)\left(\frac{\cos^2 t+\cos t-2}{2-\cos t}\right)$$

$$=\lim_{t\to 0}\frac{(\cos t+2)(\cos t-1)}{t^2(2-\cos t)}=\lim_{t\to 0}\frac{(\cos t+2)(\cos t-1)}{t^2}$$

$$=-3\lim_{t\to 0}\frac{1-\cos t}{t^2}=-\frac{3}{2}$$

[문제81] 극한 $\displaystyle\lim_{n\to\infty}\sum_{i=1}^{n}\frac{n}{n^2+(ix)^2}$ 의 값을 구하시오.

 풀이

$$\int \frac{dx}{1+x^2} \xleftrightarrow{\ x=\tan\theta\ } = \theta+c,\ (x=\tan\theta)\ \cdots\cdots(1)$$

$$\therefore\ \lim_{n\to\infty}\sum_{i=1}^{n}\frac{n}{n^2+(ix)^2}$$

$$=\lim_{n\to\infty}\frac{1}{n}\sum_{i=1}^{n}\frac{1}{1+\left(\dfrac{ix}{n}\right)^2}=\frac{1}{x}\cdot\lim_{n\to\infty}\frac{1}{n}\sum_{i=1}^{n}\frac{x}{1+x^2\left(\dfrac{i}{n}\right)^2}$$

$$=\frac{1}{x}\int_{0}^{1}\frac{d(xy)}{1+(xy)^2}\xleftrightarrow{\ (1)\ }=\frac{1}{x}\left[\theta\right]_{\tan\theta=0}^{\tan\theta=x}=\frac{\theta}{x},\ (단,\tan\theta=x)$$

[문제82] 극한 $\displaystyle\lim_{n\to\infty}\dfrac{n}{2^n}\int_0^1 x^{2n}\left(1+x^2\right)^n dx$ 의 값을 구하시오.

![풀이]

(1) $\displaystyle\lim_{n\to\infty}\left(1-\dfrac{v}{n}\right)^{n-\frac{1}{2}}=\lim_{n\to\infty}\left(1-\dfrac{v}{n}\right)^n\dfrac{1}{\sqrt{1-\dfrac{v}{n}}}=e^{-v},$

$\displaystyle\lim_{n\to\infty}\left(1-\dfrac{v}{2n}\right)^n=e^{-\frac{v}{2}}$

$\therefore\ \displaystyle\lim_{n\to\infty}\dfrac{n}{2^n}\int_0^1 x^{2n}\left(1+x^2\right)^n dx$

$\xleftarrow{\ x^2=y\ }=\displaystyle\lim_{n\to\infty}\dfrac{n}{2^{n+1}}\int_0^1 y^{\,n-\frac{1}{2}}(1+y)^n dy\xleftarrow{\ y=1-u\ }$

$=\displaystyle\lim_{n\to\infty}\dfrac{n}{2}\int_0^1(1-u)^{\,n-\frac{1}{2}}\left(1-\dfrac{u}{2}\right)^n du$

$\xleftarrow{\ v=nu\ }=\displaystyle\lim_{n\to\infty}\dfrac{1}{2}\int_0^n\left(1-\dfrac{v}{n}\right)^{n-\frac{1}{2}}\left(1-\dfrac{v}{2n}\right)^n dv$

$\xleftarrow{\ (1)\ }=\dfrac{1}{2}\int_0^\infty e^{-\frac{3}{2}v}dv=\dfrac{1}{3}$

[문제83] $f(x) = \left(1 + \dfrac{1}{x}\right)^x$ 일 때, 극한 $\displaystyle\lim_{n \to \infty} \sqrt[n]{\prod_{i=1}^{n} f\left(\dfrac{i}{n}\right)}$ 의 값을 구하시오.

👉 **풀이**

$a_n = \sqrt[n]{\displaystyle\prod_{k=1}^{n} f\left(\dfrac{k}{n}\right)} \Rightarrow \ln a_n = \dfrac{1}{n} \displaystyle\sum_{k=1}^{n} \ln f\left(\dfrac{k}{n}\right)$

$\Rightarrow \displaystyle\lim_{n \to \infty} \ln a_n = \lim_{n \to \infty} \dfrac{1}{n} \sum_{k=1}^{n} \ln f\left(\dfrac{k}{n}\right)$

$= \displaystyle\int_0^1 \ln f(x)\,dx \xleftarrow{\text{조건식}} = \int_0^1 \ln\left(1 + \dfrac{1}{x}\right)^x dx = \int_0^1 x \ln\left(1 + \dfrac{1}{x}\right) dx$

$\xleftarrow{\quad u(x) = \ln(1 + x^{-1}) \quad}_{v'(x) = x}$

$= \dfrac{1}{2}\ln 2 + \dfrac{1}{2} \displaystyle\int_0^1 \dfrac{x}{1+x}\,dx = \dfrac{\ln 2}{2} + \dfrac{1}{2} \int_0^1 1 - \dfrac{1}{1+x}\,dx = \dfrac{1}{2}$

$= \ln \sqrt{e}$

$\therefore \displaystyle\lim_{n \to \infty} \sqrt[n]{\prod_{i=1}^{n} f\left(\dfrac{i}{n}\right)} = \sqrt{e}$

[문제84] $a_0 = 1$, $a_1 = a + b$, $a_{n+2} = (a+b)a_{n+1} - (ab)a_n$, $(0 < b < a)$

일 때, 다음 극한 $\lim\limits_{n \to \infty} \dfrac{a_{n+1}}{a_n}$ 의 값을 구하시오.

풀이

조건식
$$\Rightarrow a_{n+2} - b a_{n+1} = a\big(a_{n+1} - b a_n\big) = a^2\big(a_n - b a_{n-1}\big) = \ \dots$$
$$= a^{n+2} \cdots\cdots (1)$$

조건식
$$\Rightarrow a_{n+2} - a a_{n+1} = b\big(a_{n+1} - a a_n\big) = b^2\big(a_n - a a_{n-1}\big) = \ \dots$$
$$= b^{n+2} \cdots\cdots\cdots (2)$$

(1) - (2) :

$$(a-b)a_{n+1} = a^{n+2} - b^{n+2} \Rightarrow a_{n+1} = \frac{a^{n+2} - b^{n+2}}{a-b},$$

$$a_n = \frac{a^{n+1} - b^{n+1}}{a-b}$$

$$\Rightarrow \frac{a_{n+1}}{a_n} = \frac{a^{n+2} - b^{n+2}}{a^{n+1} - b^{n+1}} = \frac{a - b\left(\dfrac{b}{a}\right)^{n+1}}{1 - \left(\dfrac{b}{a}\right)^{n+1}},$$

$$\lim_{n\to\infty}\left(\frac{b}{a}\right)^{n+1} = 0, \left(\because 0 < b < a\right)$$

$$\therefore \ \lim_{n\to\infty}\frac{a_{n+1}}{a_n} = a$$

[문제85] 극한 $\displaystyle\lim_{x\to 0}\frac{\sin\left(\pi\sqrt{1+x}\right)}{x}$ 의 값을 구하시오.

(단, L'Hospital 사용 불가)

풀이

$$\lim_{x\to 0}\frac{\sin\left(\pi\sqrt{1+x}\right)}{x} = -\lim_{x\to 0}\frac{\sin\left(\pi\sqrt{x+1}-\pi\right)}{\left(\sqrt{x+1}-1\right)\left(\sqrt{x+1}+1\right)}$$

$$= -\lim_{x\to 0}\frac{\sin\left(\pi\sqrt{x+1}-\pi\right)}{\left(\pi\sqrt{x+1}-\pi\right)}\left(\frac{\pi}{\sqrt{x+1}+1}\right)$$

$$= -\lim_{x\to 0}\frac{\pi}{\sqrt{x+1}+1} = -\frac{\pi}{2}$$

[문제86] 극한 $\displaystyle\lim_{n\to\infty}2^n\sqrt{2-\underbrace{\sqrt{2+\sqrt{2+\cdots+\sqrt{2+\sqrt{3}}}}}_{n}}$ 의 값을

구하시오.

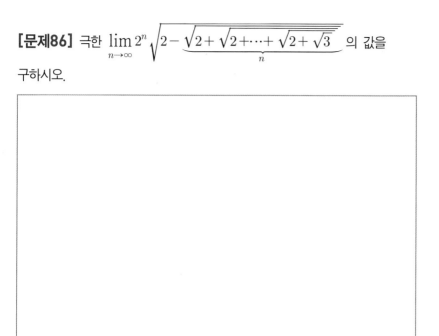

풀이

(1) $\sqrt{3}=2\cos\dfrac{\pi}{6}\Rightarrow\sqrt{2+\sqrt{3}}=\sqrt{2\left(1+\cos\dfrac{\pi}{6}\right)}=2\cos\dfrac{\pi}{6\cdot2}$, $\cdots$

$\Rightarrow\sqrt{2+\sqrt{2+\cdots+\sqrt{2+\sqrt{3}}}}=2\cos\dfrac{\pi}{6\cdot2^{n-1}}$

$\therefore$ 준 식 $\overset{(1)}{\Longleftrightarrow}\displaystyle\lim_{n\to\infty}2^n\sqrt{2-2\cos\dfrac{\pi}{6\cdot2^{n-1}}}=\lim_{n\to\infty}2^n\left(2\sin\dfrac{\pi}{6\cdot2^n}\right)$

$=\dfrac{\pi}{3}\displaystyle\lim_{n\to\infty}\dfrac{\sin\dfrac{\pi}{6\cdot2^n}}{\dfrac{\pi}{6\cdot2^n}}=\dfrac{\pi}{3}$

[문제87] $a_0 = 0, a_n = \sqrt{n^2 + a_{n-1}}$, $(n \geq 1)$ 일 때,

극한 $\lim\limits_{n \to \infty} (a_n - n)$ 의 값을 구하시오.

풀이

(1) $0 \leq a_0 < 1, 1 \leq a_1 < 2 \Rightarrow k-1 \leq a_{k-1} < k$ 라고 하자.

$\Rightarrow k^2 + k - 1 \leq k^2 + a_{k-1} < k^2 + k$

$\Rightarrow \sqrt{k^2 + k - 1} \leq \sqrt{k^2 + a_{k-1}} < \sqrt{k^2 + k}$

$\Rightarrow k \leq \sqrt{k^2 + a_{k-1}} = a_k < \sqrt{k^2 + k} < k+1$

$\Rightarrow 0 \leq a_k - k < 1 \Rightarrow \lim_{k \to \infty} \frac{a_k - k}{k} = 0$

(2)

$a_n^2 = n^2 + a_{n-1} \Rightarrow a_n - n = \dfrac{a_n^2 - n^2}{a_n + n} = \dfrac{a_{n-1}}{a_n + n}$

$= \dfrac{a_{n-1} - (n-1) + (n-1)}{a_n - n + 2n} \overset{b_n = a_n - n}{\longleftrightarrow}$

$\Rightarrow b_n = \dfrac{b_{n-1} + n - 1}{b_n + 2n} \cdot \therefore \lim_{n \to \infty}(a_n - n) \overset{(2)}{\longleftrightarrow} = \lim_{n \to \infty} \dfrac{b_{n-1} + n - 1}{b_n + 2n}$

$= \lim_{n \to \infty} \dfrac{\dfrac{b_{n-1}}{n} + 1 - \dfrac{1}{n}}{\dfrac{b_n}{n} + 2}$

$\overset{(1)}{\longleftrightarrow} \dfrac{1}{2}$

[문제88] 극한 $\displaystyle\lim_{n\to\infty}\prod_{i=1}^{n}\left(1+\frac{i}{n^2}\right)$ 의 값을 구하시오.

풀이

(1) $x \geq 0, f(x) = x - \ln(1+x) \Rightarrow f'(x) = 1 - \dfrac{1}{1+x} = \dfrac{x}{1+x} \geq 0$

$\Rightarrow f(x) :$ 증가

$\Rightarrow f(x) \geq f(0) \Rightarrow x \geq \ln(1+x)$

(2) $x \geq 0, g(x) = \ln(1+x) - \left(x - \dfrac{x^2}{2} \right) \Rightarrow g'(x) = \dfrac{x^2}{1+x} \geq 0$

$\Rightarrow g(x) :$ 증가함수

$\Rightarrow \ln(1+x) \geq x - \dfrac{x^2}{2} \Rightarrow \therefore x - \dfrac{x^2}{2} \leq \ln(1+x) \leq x, (x \geq 0)$

$\Rightarrow \dfrac{k}{n^2} - \dfrac{1}{2}\left(\dfrac{k^2}{n^4} \right) \leq \ln\left(1 + \dfrac{k}{n^2} \right) \leq \dfrac{k}{n^2}$

$\Rightarrow \displaystyle\sum_{k=1}^{n} \dfrac{k}{n^2} - \dfrac{k^2}{2n^4} \leq \sum_{k=1}^{n} \ln\left(1 + \dfrac{k}{n^2} \right) \leq \sum_{k=1}^{n} \dfrac{k}{n^2}$

$\Rightarrow \dfrac{n^2+n}{2n^2} - \dfrac{n(n+1)(2n+1)}{12n^4} \leq \displaystyle\sum_{k=1}^{n} \ln\left(1 + \dfrac{k}{n^2} \right) \leq \dfrac{n^2+n}{2n^2} \xrightarrow{n \to \infty}$

$\displaystyle\lim_{n \to \infty} \sum_{k=1}^{n} \ln\left(1 + \dfrac{k}{n^2} \right) = \dfrac{1}{2}$

$\Rightarrow \dfrac{1}{2} = \ln\left(\displaystyle\lim_{n \to \infty} \prod_{k=1}^{n} \left(1 + \dfrac{k}{n^2} \right) \right) \Rightarrow \therefore \lim_{n \to \infty} \prod_{i=1}^{n} \left(1 + \dfrac{i}{n^2} \right) = \sqrt{e}$

[문제89] 극한 $\lim\limits_{n \to \infty}\left(\sum\limits_{i=1}^{n} \dfrac{1}{\sqrt{n^2+i}}\right)^n$ 의 값을 구하시오.

풀이

(1) $a_n = \sum\limits_{k=1}^{n} \dfrac{1}{\sqrt{n^2+k}}$ 라고 하자.

(2) $\sum\limits_{k=1}^{n} \dfrac{1}{\sqrt{n^2+n}} \leq \sum\limits_{k=1}^{n} \dfrac{1}{\sqrt{n^2+k}} \leq \sum\limits_{k=1}^{n} \dfrac{1}{\sqrt{n^2+1}}$

$\Rightarrow \dfrac{n}{\sqrt{n^2+n}} \leq \sum\limits_{k=1}^{n} \dfrac{1}{\sqrt{n^2+k}} \leq \dfrac{n}{\sqrt{n^2+1}}$

$$\xrightarrow{n\to\infty} 1 \le \lim_{n\to\infty}\sum_{k=1}^{n}\frac{1}{\sqrt{n^2+k}} \le 1 \Rightarrow \lim_{n\to\infty}\sum_{k=1}^{n}\frac{1}{\sqrt{n^2+k}} = 1$$

$$\Rightarrow \lim_{n\to\infty}a_n = 1$$

(3)

$$\sum_{k=1}^{n}\frac{k}{\sqrt{n^2+n}\left(\sqrt{n^2+n}+n\right)} \le \sum_{k=1}^{n}\frac{k}{\sqrt{n^2+k}\left(\sqrt{n^2+k}+n\right)}$$

$$\le \sum_{k=1}^{n}\frac{k}{\sqrt{n^2+1}\left(\sqrt{n^2+1}+n\right)}$$

$$\Rightarrow \frac{n^2+n}{2\left(n^2+n+n\sqrt{n^2+n}\right)} \le \sum_{k=1}^{n}\frac{k}{\sqrt{n^2+k}\left(\sqrt{n^2+k}+n\right)}$$

$$\le \frac{n(n+1)}{2\left(n^2+1+n\sqrt{n^2+1}\right)} \xrightarrow{n\to\infty}$$

$$\Rightarrow \frac{1}{4} \le \lim_{n\to\infty}\sum_{k=1}^{n}\frac{k}{\sqrt{n^2+k}\left(\sqrt{n^2+k}+n\right)} \le \frac{1}{4}$$

(4)

$$\lim_{n\to\infty}n(a_n-1) \overset{(1)}{\Longleftrightarrow} = \lim_{n\to\infty}\left(\frac{n}{\sqrt{n^2+1}}+\frac{n}{\sqrt{n^2+2}}+\cdots+\frac{n}{\sqrt{n^2+n}}-n\right)$$

$$= \lim_{n\to\infty}\sum_{k=1}^{n}\left(\frac{n}{\sqrt{n^2+k}}-1\right)$$

$$= -\lim_{n\to\infty}\frac{k}{\sqrt{n^2+k}\left(\sqrt{n^2+k}+n\right)} \overset{(3)}{\Longleftrightarrow} = -\frac{1}{4}$$

$$\therefore 준식 = \lim_{n\to\infty}(a_n)^n = \lim_{n\to\infty}\left[1+(a_n-1)\right]^{\frac{1}{a_n-1}\cdot n(a_n-1)} = e^{\lim_{n\to\infty}n(a_n-1)}$$

$$\overset{(4)}{\Longleftrightarrow} = e^{-\frac{1}{4}}$$

[문제90] $a_1 = 1$, $\dfrac{n}{a_{n+1}} - \dfrac{n+1}{a_n} = n(n+1)$ 일 때,

극한 $\displaystyle\lim_{n \to \infty}\left(\dfrac{1}{n^3}\sum_{i=1}^{n}\dfrac{1}{\ln(1+a_i)}\right)$ 의 값을 구하시오.

$x \geq 0$, $f(x) = x - \ln(1+x) \Rightarrow f'(x) = 1 - \dfrac{1}{1+x} = \dfrac{x}{1+x} \geq 0$

$\Rightarrow f(x)$: 증가

$\Rightarrow f(x) \geq f(0) \Rightarrow x \geq \ln(1+x)$

$x \geq 0$, $g(x) = \ln(1+x) - \dfrac{x}{x+1} \Rightarrow g'(x) = \dfrac{x}{(1+x)^2} \geq 0$

$\Rightarrow g(x)$: 증가함수

$$\Rightarrow \ln(1+x) \geq \frac{x}{x+1} \Rightarrow \therefore \frac{x}{x+1} \leq \ln(1+x) \leq x, (x \geq 0)$$

$$\frac{x}{1+x} < \ln(1+x) < x, (x > 0) \Rightarrow \frac{1}{x} < \frac{1}{\ln(1+x)} < 1 + \frac{1}{x}$$

$$\Rightarrow \frac{1}{x^2} < \frac{1}{\ln(1+x^2)} < 1 + \frac{1}{x^2} \Rightarrow k^2 < \frac{1}{\ln\left(1+\dfrac{1}{k^2}\right)} < 1 + k^2$$

양변에 $\displaystyle\sum_{k=1}^{n}$

$$\Rightarrow \frac{n(n+1)(2n+1)}{6} < \sum_{k=1}^{n} \frac{1}{\ln\left(1+\dfrac{1}{k^2}\right)} < n + \frac{n(n+1)(2n+1)}{6}$$

$$\Rightarrow \lim_{n\to\infty} \frac{n(n+1)(2n+1)}{6n^3} \leq \lim_{n\to\infty} \frac{1}{n^3} \sum_{k=1}^{n} \frac{1}{\ln\left(1+\dfrac{1}{k^2}\right)}$$

$$\leq \lim_{n\to\infty} \frac{6 + 2n^2 + 3n + 1}{6n^2}$$

$$\Rightarrow \lim_{n\to\infty} \frac{1}{n^3} \sum_{k=1}^{n} \frac{1}{\ln\left(1+\dfrac{1}{k^2}\right)} = \frac{1}{3} \quad \cdots\cdots\cdots (1)$$

(2)

조건식

$$\frac{1}{(n+1)a_{n+1}} - \frac{1}{na_n} = 1 \xrightarrow{\quad b_n = \dfrac{1}{na_n} \quad} b_{n+1} - b_n = 1, \; b_1 = 1 \Rightarrow b_n = n$$

$$\Rightarrow a_n = \frac{1}{n^2}, \; \therefore \lim_{n\to\infty} \frac{1}{n^3} \sum_{i=1}^{n} \frac{1}{\ln(1+a_i)} = \lim_{n\to\infty} \frac{1}{n^3} \sum_{i=1}^{n} \frac{1}{\ln\left(1+\dfrac{1}{i^2}\right)} \xleftarrow{\quad (1) \quad}$$

$$= \frac{1}{3}$$

[문제91] $a_1 = 1, a_{n+1} = \sqrt{2+a_n}$ 일 때, 극한 $\lim\limits_{n\to\infty} 4^n(2-a_n)$ 의 값을 구하시오.

👉 풀이

(1)

$$a_1 = 2\cos\frac{\pi}{3}, \; a_2 = \sqrt{2\left(1+\cos\frac{\pi}{3}\right)} = 2\cos\frac{\pi}{3\cdot 2}, \; \dots,$$

$$a_n = 2\cos\frac{\pi}{3\cdot 2^{n-1}}$$

$$\therefore \text{준 식} \xleftrightarrow{(1)} \lim_{n\to\infty}\left(2^n\right)^2\left(2-2\cos\frac{\pi}{3\cdot 2^{n-1}}\right) = 4\lim_{n\to\infty}\left(2^n\sin\frac{\pi}{3\cdot 2^n}\right)^2$$

$$= \frac{4\pi^2}{9}\left(\lim_{n\to\infty}\frac{\sin\dfrac{\pi}{3\cdot 2^n}}{\dfrac{\pi}{3\cdot 2^n}}\right)^2$$

$$= \frac{4\pi^2}{9}$$

[문제92] $[x]$는 가우스부호일 때, 극한 $\displaystyle\lim_{n\to\infty}\frac{1}{n^2}\left(\sum_{i=1}^{n}[ix]\right)$ 의 값을 구하시오.

 풀이

$a-1 < [a] \le a \Rightarrow kx-1 < [kx] \le kx$

$\Rightarrow (x-1)+(2x-1)+\cdots+(nx-1) < [x]+[2x]+\cdots+[nx] \le x+2x+\cdots+nx$

$\Rightarrow \dfrac{n(n+1)x}{2}-n < \displaystyle\sum_{k=1}^{n}[kx] \le \dfrac{n(n+1)x}{2} \xrightarrow[n\to\infty]{\times(n^{-2})}$

$\dfrac{x}{2} \le \displaystyle\lim_{n\to\infty}\frac{\displaystyle\sum_{k=1}^{n}[kx]}{n^2} \le \dfrac{x}{2}$

$\therefore \displaystyle\lim_{n\to\infty}\frac{1}{n^2}\left(\sum_{i=1}^{n}[ix]\right) = \dfrac{x}{2}$

[문제93] 극한 $\lim\limits_{n\to\infty}\left(\prod\limits_{i=3}^{n}\dfrac{i^3-8}{i^3+8}\right)$ 의 값을 구하시오.

👉 풀이

$$\prod_{k=3}^{n}\frac{k^3-8}{k^3+8}=\prod_{k=3}^{n}\frac{(k-2)(k+1+\sqrt{3}\,i)(k+1-\sqrt{3}\,i)}{(k+2)(k-1+\sqrt{3}\,i)(k-1-\sqrt{3}\,i)}$$

$$=\frac{1\cdot 2\cdot 3\cdot 4(n+\sqrt{3}\,i)(n-\sqrt{3}\,i)(n+1+\sqrt{3}\,i)(n+1-\sqrt{3}\,i)}{(n-1)n(n+1)(n+2)(2+\sqrt{3}\,i)(2-\sqrt{3}\,i)(3+\sqrt{3}\,i)(3-\sqrt{3}\,i)}$$

$$=\frac{2(n^2+3)(n^2+2n+4)}{7n(n-1)(n+1)(n+2)}$$

$$\therefore \lim_{n\to\infty}\left(\prod_{i=3}^{n}\frac{i^3-8}{i^3+8}\right)=\frac{2}{7}$$

[문제94] $a_1 = 1$, $a_{n+1} = \sqrt{1 + \left(\sum_{i=1}^{n} a_i \right)^2}$ 일 때, 극한 $\lim_{n \to \infty} \dfrac{a_{n+1}}{a_n}$ 의

값을 구하시오.

풀이

$a_n^2 = 1 + \left(a_1 + a_2 + \cdots + a_{n-1} \right)^2 \Rightarrow 1 = \dfrac{1}{a_n^2} + \left(\dfrac{a_1 + a_2 + \cdots + a_{n-1}}{a_n} \right)^2$

$\xrightarrow{n \to \infty}$

$\Rightarrow 1 = \lim_{n \to \infty} \dfrac{a_1 + a_2 + \cdots + a_{n-1}}{a_n}$ .... (1)

$a_{n+1}^2 = 1 + \left(\sum_{k=1}^{n} a_k \right)^2 = 1 + \left(\sum_{k=1}^{n-1} a_k \right)^2 + 2a_n \left(\sum_{k=1}^{n-1} a_k \right) + a_n^2$

$= 2a_n^2 + 2a_n \left(\sum_{k=1}^{n-1} a_k \right)$

$\Rightarrow \left(\dfrac{a_{n+1}}{a_n} \right)^2 = 2 + \dfrac{2 \left(\sum_{k=1}^{n-1} a_k \right)}{a_n} \xrightarrow[(1)]{n \to \infty} \lim_{n \to \infty} \left(\dfrac{a_{n+1}}{a_n} \right)^2 = 4$

$\therefore \lim_{n \to \infty} \dfrac{a_{n+1}}{a_n} = 2$

[문제95] 극한 $\displaystyle\lim_{n\to\infty}\frac{1}{n^2}\left(\sum_{i=1}^{n} i \cdot \cos\left(\frac{\pi}{i}\right)\right)$ 의 값을 구하시오.

👉 풀이

$1-\dfrac{x^2}{2} \leq \cos x \leq 1$ 이 성립한다.

$\Rightarrow \displaystyle\sum_{k=3}^{n} k\left(1-\frac{\pi^2}{k^2}\right) < \sum_{k=3}^{n} k\left(1-\frac{\pi^2}{2k^2}\right) \leq \sum_{k=3}^{n} k\cos\frac{\pi}{k} \leq \sum_{k=3}^{n} k$

$\Rightarrow \dfrac{n(n+1)}{2}-3-\pi^2\left(\displaystyle\sum_{k=3}^{n}\frac{1}{k}\right) < \sum_{k=3}^{n} k\cos\frac{\pi}{k} < \frac{n(n+1)}{2}-3$

$\Rightarrow \displaystyle\lim_{n\to\infty}\frac{1}{n^2}\left(\frac{n(n+1)}{2}-3-\pi^2\left(\sum_{k=3}^{n}\frac{1}{k}\right)\right) < 준\,식 < \lim_{n\to\infty}\frac{1}{n^2}\left(\frac{n(n+1)}{2}-3\right)$

$\therefore \displaystyle\lim_{n\to\infty}\frac{1}{n^2}\left(\sum_{i=1}^{n} i \cdot \cos\left(\frac{\pi}{i}\right)\right) = \frac{1}{2}$

[문제96] 극한 $\lim\limits_{x \to \infty}(\sqrt[4]{(x+a)(x+b)(x+c)(x+d)} - x)$ 의 값을

구하시오. (단, L'Hospital정리 사용 불가)

풀이

$f(x) = \sqrt[4]{(1+ax)(1+bx)(1+cx)(1+dx)}$ 이라 하자.

$\therefore$ 준 식 $\xleftrightarrow[\quad x = \dfrac{1}{h} \quad]{} = \lim\limits_{h \to 0} \dfrac{\sqrt[4]{(1+ah)(1+bh)(1+ch)(1+dh)} - 1}{h}$

$= \lim\limits_{h \to 0} \dfrac{f(h) - f(0)}{h} = f'(0)$

$= \dfrac{a+b+c+d}{4}$

[문제97] $f(x) + \displaystyle\int_0^x e^t f(x-t)^3 \, dt = ae^x, \ (a \neq 0)$ 일 때,

극한 $\displaystyle\lim_{x \to \infty} f(x)$ 의 값을 구하시오.

풀이

조건식 $\xrightarrow{x-t=u}$ $f(x)+e^x\displaystyle\int_0^x e^{-u}f(u)^3\,du=ae^x$ $\xrightarrow{\times(e^{-x})}$

$a=\dfrac{f(x)}{e^x}+\displaystyle\int_0^x \dfrac{f(u)^3}{e^u}\,du$ ········ (1)   한편, $z(x)=\dfrac{f(x)}{e^x}$ 라고 하자.

$\dfrac{f(x)^3}{e^x}=z(x)^3 e^{2x}$ $\xrightarrow{(1)}$ $a=z(x)+\displaystyle\int_0^x z(u)^3 e^{2u}\,du$ $\xrightarrow{\text{양변을 미분}}$

$0=z'(x)+z(x)^3 e^{2x}\Rightarrow -\dfrac{dz(x)}{z(x)^3}=e^{2x}\,dx$ $\xrightarrow{\text{양변을 적분}}$

$\dfrac{1}{2z(x)^2}=\dfrac{e^{2x}}{2}+\dfrac{c}{2}\Rightarrow z(x)=\pm\dfrac{1}{\sqrt{e^{2x}+c}}$

$\Rightarrow a=\pm\dfrac{1}{\sqrt{e^{2x}+c}}\pm\displaystyle\int_0^x e^{2u}\left(e^{2u}+c\right)^{-\frac{3}{2}}\,du$

$=\pm\dfrac{1}{\sqrt{e^{2x}+c}}\mp\left[\dfrac{1}{\sqrt{e^{2u}+c}}\right]_0^x=\pm\dfrac{1}{\sqrt{c+1}}$

$\Rightarrow c=\dfrac{1}{a^2}-1\Rightarrow f(x)=z(x)e^x=\pm\dfrac{e^x}{\sqrt{e^{2x}+\dfrac{1}{a^2}-1}}$

$\therefore$ 준식 $=\displaystyle\lim_{x\to\infty}\pm\dfrac{e^x}{\sqrt{e^{2x}+\dfrac{1}{a^2}-1}}=\pm1$

[문제98] $a_0 = 0$, $a_n = a_{n-1} + \sqrt{1 + a_{n-1}^2}$ 일 때, 극한 $\displaystyle\lim_{n \to \infty}\left(\frac{a_n}{2^{n-1}}\right)$

의 값을 구하시오.

 풀이

$$\cot x + \csc x = \frac{\cos x + 1}{\sin x} = \frac{2\cos^2 \dfrac{x}{2}}{2\sin \dfrac{x}{2}\cos \dfrac{x}{2}} = \cot \frac{x}{2} \quad \cdots\cdots (1)$$

$\theta_0 = \dfrac{\pi}{2}$, $a_n = \cot\theta_n$ 라고 하자.

$a_0 = 0 = \cot\dfrac{\pi}{2} = \cot\theta_0$, $\quad \cot\theta_n = a_n \overset{\text{조건식}}{\Longleftrightarrow}$

$$= \cot\theta_{n-1} + \sqrt{1 + \cot^2\theta_{n-1}} = \cot\theta_{n-1} + \csc\theta_{n-1} \overset{(1)}{\Longleftrightarrow} = \cot\frac{\theta_{n-1}}{2}$$

$$\Rightarrow \theta_n = \frac{\theta_{n-1}}{2} = \frac{\theta_{n-2}}{2^2} = \dots = \frac{\theta_0}{2^n} = \frac{\pi}{2^{n+1}}$$

$$\therefore \lim_{n \to \infty}\left(\frac{a_n}{2^{n-1}}\right) = \lim_{n \to \infty}\frac{\cot\theta_n}{2^{n-1}} = \lim_{n \to \infty}\frac{\cot\left(\dfrac{\pi}{2^{n+1}}\right)}{2^{n-1}} = \frac{4}{\pi}\lim_{n \to \infty}\frac{\cot\left(\dfrac{\pi}{2^{n+1}}\right)}{\dfrac{\pi}{2^{n+1}}}$$

$$= \frac{4}{\pi}$$

[문제99] 극한 $\lim\limits_{n \to \infty} \sum\limits_{i=1}^{n} \left(\dfrac{i^2 + i + 1}{5^i} \right)$ 의 값을 구하시오.

👉 **풀이**

$R = \sum\limits_{n=1}^{\infty} \dfrac{2n+2}{5^n} = \dfrac{2}{5} \sum\limits_{n=1}^{\infty} \dfrac{n+1}{5^{n-1}} = \dfrac{2}{5} \sum\limits_{n=0}^{\infty} \dfrac{n+2}{5^n} = \dfrac{4}{5} + \dfrac{2}{5} \sum\limits_{n=1}^{\infty} \dfrac{n+2}{5^n}$

$= \dfrac{4}{5} + \dfrac{2}{5} \left(\sum\limits_{n=1}^{\infty} \dfrac{n+1}{5^n} + \dfrac{1}{5^n} \right) = \dfrac{4}{5} + \dfrac{R}{5} + \dfrac{2}{5} \sum\limits_{n=1}^{\infty} \dfrac{1}{5^n} = \dfrac{4}{5} + \dfrac{R}{5} + \dfrac{1}{10}$

$\Rightarrow \sum\limits_{n=1}^{\infty} \dfrac{2n+2}{5^n} = \dfrac{9}{8} \cdots (1)$

$S = \sum\limits_{n=1}^{\infty} \dfrac{n^2+n+1}{5^n} = \dfrac{1}{5} \sum\limits_{n=1}^{\infty} \dfrac{n^2+n+1}{5^{n-1}} = \dfrac{1}{5} \sum\limits_{n=0}^{\infty} \dfrac{(n+1)^2+(n+1)+1}{5^n}$

$= \dfrac{1}{5} \sum\limits_{n=0}^{\infty} \dfrac{n^2+3n+3}{5^n}$

$= \dfrac{3}{5} + \dfrac{1}{5} \sum\limits_{n=1}^{\infty} \dfrac{n^2+3n+3}{5^n} = \dfrac{3}{5} + \dfrac{1}{5} \left(\sum\limits_{n=1}^{\infty} \dfrac{n^2+n+1}{5^n} + \dfrac{2n+2}{5^n} \right)$

$\overset{(1)}{\longleftrightarrow} \dfrac{3}{5} + \dfrac{S}{5} + \dfrac{9}{40} \Rightarrow S = \dfrac{33}{32} \quad \therefore \lim\limits_{n \to \infty} \sum\limits_{i=1}^{n} \left(\dfrac{i^2+i+1}{5^i} \right) = \dfrac{33}{32}$

[문제100] $a_1 = 3$, $a_{n+1} = 4a_n + 3$ 일 때,

극한 $\displaystyle\lim_{n\to\infty}\sum_{i=1}^{n}\dfrac{1}{\log_2(1+a_i)\log_2(1+a_{i+1})}$ 의 값을 구하시오.

 풀이

조건식에서 $\dfrac{a_{n+1}+1}{a_n+1} = 4$ $\xrightarrow{\text{등비수열}}$ $a_n + 1 = (a_1+1)4^{n-1} = 4^n$

$\Rightarrow a_n = 4^n - 1$

$\Rightarrow \log_2(a_n + 1) = 2n$

$\therefore \displaystyle\lim_{n\to\infty}\sum_{i=1}^{n}\dfrac{1}{\log_2(1+a_i)\log_2(1+a_{i+1})}$

$= \displaystyle\lim_{n\to\infty}\sum_{i=1}^{n}\dfrac{1}{2i(2(i+1))} = \dfrac{1}{4}\lim_{n\to\infty}\left(1 - \dfrac{1}{n+1}\right) = \dfrac{1}{4}$

[문제101] $a_n = \displaystyle\sum_{i=1}^{n}(2i)^2$, $b_n = \displaystyle\sum_{i=1}^{n}(2i-1)^2$ 일 때,

극한 $\displaystyle\lim_{n\to\infty}\dfrac{\sqrt{a_n}-\sqrt{b_n}}{\sqrt{n}}$ 의 값을 구하시오.

풀이

$$s_n = \sum_{k=1}^{n}k^2 = \frac{n(n+1)(2n+1)}{6} \Rightarrow a_n = 4s_n, \, b_n = s_{2n} - 4s_n$$

$$\therefore \text{준식} = \lim_{n\to\infty}\frac{1}{\sqrt{n}}\left(\sqrt{\frac{2n(n+1)(2n+1)}{3}} - \sqrt{\frac{n(2n-1)(2n+1)}{3}}\right)$$

$$= \frac{1}{\sqrt{3}}\lim_{n\to\infty}\sqrt{\frac{2n+1}{n}}\left(\sqrt{2n^2+2n} - \sqrt{2n^2-n}\right)$$

$$= \sqrt{\frac{2}{3}}\lim_{n\to\infty}\left(\frac{3n}{\sqrt{2n^2+2n}+\sqrt{2n^2-n}}\right) = \frac{\sqrt{3}}{2}$$

[문제102] $a_1 = \dfrac{1}{2}$, $b_1 = 1$, $a_{n+1} = \dfrac{a_n + b_n}{2}$, $b_{n+1} = \sqrt{b_n a_{n+1}}$

일 때, 극한 $\lim\limits_{n \to \infty} a_n$의 값을 구하시오.

풀이

$a_1 = \cos\dfrac{\pi}{3},$

$a_2 = \dfrac{1+\cos\dfrac{\pi}{3}}{2} = \cos^2\left(\dfrac{\pi}{6}\right), \; b_2 = \cos\left(\dfrac{\pi}{6}\right) \Rightarrow b_k = b_{k-1}\cos\left(\dfrac{\pi}{2^{k-1}3}\right)$

$\Rightarrow a_k = b_{k-1}\cos^2\left(\dfrac{\pi}{2^{k-1}3}\right)$

$b_{k+1} = \sqrt{b_k a_{k+1}} = \sqrt{b_k\left(\dfrac{a_k + b_k}{2}\right)}$

$\qquad\quad = \sqrt{b_k\left(\dfrac{b_{k-1}\cos^2\dfrac{\pi}{2^{k-1}3} + b_{k-1}\cos\dfrac{\pi}{2^{k-1}3}}{2}\right)}$

$= \sqrt{b_k b_{k-1}\cos\dfrac{\pi}{2^{k-1}3}\left(\dfrac{1+\cos\dfrac{\pi}{2^{k-1}3}}{2}\right)} = \sqrt{b_k^2\cos^2\dfrac{\pi}{2^k 3}} = b_k\cos\dfrac{\pi}{2^k 3}$

$b_{n+1} = b_n\cos\dfrac{\pi}{2^n 3} \xrightarrow[\text{양변에 } \sin\dfrac{\pi}{2^n 3} \text{ 곱}]{} b_{n+1}\sin\dfrac{\pi}{2^n 3} = \dfrac{1}{2}\, b_n\sin\dfrac{\pi}{2^{n-1}3}$

$\underrightarrow{\text{계속하면}}$

$\Rightarrow b_{n+1}\sin\dfrac{\pi}{2^n 3} = \dfrac{1}{2^n}\, b_1\sin\dfrac{\pi}{3} = \dfrac{\sqrt{3}}{2^{n+1}} \Rightarrow b_{n+1} = \left(\dfrac{3\sqrt{3}}{2\pi}\right)\dfrac{\dfrac{\pi}{2^n 3}}{\sin\dfrac{\pi}{2^n 3}}$

$\Rightarrow \lim_{n\to\infty} b_{n+1} = \dfrac{3\sqrt{3}}{2\pi}$

$\therefore \lim_{n\to\infty} a_{n+1} = \lim_{n\to\infty}\dfrac{a_n + b_n}{2} \Rightarrow \lim_{n\to\infty} a_n = \lim_{n\to\infty} b_n = \dfrac{3\sqrt{3}}{2\pi}$

[문제103]

극한 $\lim\limits_{x \to 0} \dfrac{\sin\left(\dfrac{\pi}{3}+4x\right)-4\sin\left(\dfrac{\pi}{3}+3x\right)+6\sin\left(\dfrac{\pi}{3}+2x\right)-4\sin\left(\dfrac{\pi}{3}+x\right)+\sin\dfrac{\pi}{3}}{x^4}$ 의

값을 구하시오. (단, L`Hospital 정리 사용 불가.)

(1)

$$f'(x) = \lim_{h \to 0} \frac{f(x+h) - f(x)}{h} \Rightarrow f'(x+h) = \lim_{h \to 0} \frac{f(x+2h) - f(x+h)}{h}$$

(2)

$$f''(x) = \lim_{h \to 0} \frac{f'(x+h) - f'(x)}{h} \xleftarrow{(1)} = \lim_{h \to 0} \frac{f(x+2h) - 2f(x+h) + f(x)}{h^2}$$

$$f''(x+h) = \lim_{h \to 0} \frac{f(x+3h) - 2f(x+2h) + f(x+h)}{h^2}$$

(3)

$$f'''(x) = \lim_{h \to 0} \frac{f''(x+h) - f''(x)}{h} \xleftarrow{(2)}$$

$$= \lim_{h \to 0} \frac{f(x+3h) - 3f(x+2h) + 3f(x+h) - f(x)}{h^3}$$

$$f'''(x+h) = \lim_{h \to 0} \frac{f(x+4h) - 3f(x+3h) + 3f(x+2h) - f(x+h)}{h^3}$$

(4)

$$f^{(4)}(x) \xleftarrow{(3)}$$

$$= \lim_{h \to 0} \frac{f(x+4h) - 4f(x+3h) + 6f(x+2h) - 4f(x+h) + f(x)}{h^4}$$

$f(x) = \sin x$ 라고 하자. $\therefore$ 준 식 $\xleftarrow{(4)} = f^{(4)}\left(\dfrac{\pi}{3}\right) = \dfrac{\sqrt{3}}{2}$

[문제104] $\lim\limits_{n \to \infty} \sum\limits_{r=1}^{n} \left(\dfrac{\ln(n^2+r^2)-2\ln(n)}{n} \right) = \ln 2 + \dfrac{\pi}{2} - 2$ 일 때, 다음

극한값을 구하시오. $\lim\limits_{n \to \infty} \dfrac{1}{n^{2m}} \sqrt[n]{\prod\limits_{i=1}^{n} (n^2+i^2)^m}$

👉 풀이

$y = \left[\dfrac{1}{n^{2n}} (n^2+1^2)(n^2+2^2) \cdots (n^2+n^2) \right]^{\frac{m}{n}}$ 라고 하자.

$\Rightarrow \ln y = \dfrac{m}{n} \left[\sum\limits_{k=1}^{n} \ln(n^2+k^2) - 2n\ln n \right] = \dfrac{m}{n} \left[\sum\limits_{k=1}^{n} \left(\ln(n^2+k^2) - 2\ln n \right) \right]$

$= m \left(\sum\limits_{k=1}^{n} \dfrac{\ln(n^2+k^2) - 2\ln n}{n} \right)$

$\Rightarrow \lim\limits_{n \to \infty} \ln y = m \left(\lim\limits_{n \to \infty} \sum\limits_{k=1}^{n} \dfrac{\ln(n^2+k^2) - 2\ln n}{n} \right) \xleftrightarrow{\text{조건식}}$

$= m \left(\ln 2 + \dfrac{\pi}{2} - 2 \right) \Rightarrow \therefore \lim\limits_{n \to \infty} y = e^{m\left(\ln 2 + \frac{\pi}{2} - 2\right)} = \left(\dfrac{2\sqrt{e^{\pi}}}{e^2} \right)^m$

[문제105] 극한 $\displaystyle\lim_{n\to\infty}\int_0^{\frac{\pi}{4}}\tan^{2n}x\,dx$ 의 값을 구하시오.

풀이

$$a_n=\int_0^{\frac{\pi}{4}}(\tan x)^{2n}\,dx\Rightarrow a_{n+1}=\int_0^{\frac{\pi}{4}}(\tan x)^{2n}\left(\sec^2x-1\right)dx$$

$$=\int_0^{\frac{\pi}{4}}(\tan x)^{2n}\,d(\tan x)-a_n=\left[\frac{\tan^{2n+1}x}{2n+1}\right]_0^{\frac{\pi}{4}}-a_n=\frac{1}{2n+1}-a_n$$

$$\Rightarrow a_{n+1}+a_n=\frac{1}{2n+1}$$

$$\therefore \lim_{n\to\infty}a_n=\lim_{n\to\infty}a_{n+1}=0\Rightarrow \lim_{n\to\infty}\int_0^{\frac{\pi}{4}}\tan^{2n}x\,dx=0$$

[문제106] $f(x)$는 연속, 미분 가능한 함수이고 $f(x_0) > 0$ 일 때,

다음 극한값을 구하시오. $\lim\limits_{n \to \infty}\left(f\left(x_0 + \dfrac{1}{n}\right)^n f(x_0)^{-n}\right)$

👉 **풀이**

$$\lim_{n \to \infty}\left(1 + \frac{1}{n}\right)^n = e \ \cdots\cdots (1)$$

$$\therefore \text{준식} = \lim_{n \to \infty}\left(1 + \frac{f\left(x_0 + \dfrac{1}{n}\right) - f(x_0)}{f(x_0)}\right)^n \overset{(1)}{\longleftrightarrow} e^{\lim\limits_{n \to \infty}\frac{f\left(x_0 + \frac{1}{n}\right) - f(x_0)}{f(x_0)} n}$$

$$= e^{\frac{1}{f(x_0)}\left(\lim\limits_{n \to \infty}\frac{f\left(x_0 + \frac{1}{n}\right) - f(x_0)}{\frac{1}{n}}\right)}$$

$$= e^{\frac{f'(x_0)}{f(x_0)}}$$

[문제107] 극한 $\displaystyle\lim_{n\to\infty}\frac{1}{n}\sqrt[n]{\prod_{i=1}^{n}(n+i)}$ 의 값을 구하시오.

 풀이

$I=\sqrt[n]{\dfrac{(n+1)(n+2)\cdots(n+n)}{n^n}} \Rightarrow \ln I=\dfrac{1}{n}\sum_{i=1}^{n}\ln\left(1+\dfrac{i}{n}\right)$

$\Rightarrow \displaystyle\lim_{n\to\infty}\frac{1}{n}\sum_{i=1}^{n}\ln\left(1+\frac{i}{n}\right)=\int_{0}^{1}\ln(1+x)dx\xleftarrow{\ \text{부분적분}\ }\ln\left(\dfrac{4}{e}\right)$

$\therefore \displaystyle\lim_{n\to\infty}\frac{1}{n}\sqrt[n]{\prod_{i=1}^{n}(n+i)}=\frac{4}{e}$

[문제108] 극한 $\displaystyle\lim_{n\to\infty}\sum_{i=0}^{n}\dfrac{{}_nC_i}{n^i(3+i)}$ 의 값을 구하시오.

👉 풀이

$$e^x = \lim_{n\to\infty}\left(1+\frac{x}{n}\right)^n = \lim_{n\to\infty}\sum_{r=0}^{n}{}_nC_r\left(\frac{x}{n}\right)^r,\quad \frac{1}{r+3}=\int_0^1 x^{r+2}\,dx$$

$$\therefore\ \lim_{n\to\infty}\sum_{i=0}^{n}\frac{{}_nC_i}{n^i(3+i)}$$

$$=\lim_{n\to\infty}\sum_{r=0}^{n}\left(\frac{{}_nC_r}{n^r}\right)\int_0^1 x^{r+2}\,dx = \int_0^1 x^2\left(\lim_{n\to\infty}\sum_{r=0}^{n}{}_nC_r\left(\frac{x}{n}\right)^r\right)dx$$

$$=\int_0^1 x^2 e^x\,dx \xleftrightarrow{\text{부분적분}} = e-2$$

[문제109] 극한 $\displaystyle\lim_{n\to\infty}\sum_{i=1}^{n}\frac{n}{(i+an)(i+bn)}$, $(a,b>0)$의 값을 구하시오.

풀이

(1) $a\neq b$ 라고 하자. $\therefore$ 준식 $=\displaystyle\lim_{n\to\infty}\left(\frac{1}{a-b}\right)\frac{1}{n}\sum_{k=1}^{n}\left(\frac{1}{b+\dfrac{k}{n}}-\frac{1}{a+\dfrac{k}{n}}\right)$

$=\dfrac{1}{a-b}\displaystyle\int_0^1\frac{1}{b+x}-\frac{1}{a+x}\,dx=\left(\frac{1}{a-b}\right)\ln\left(\frac{a(b+1)}{b(a+1)}\right)$

(2) $a=b$ 라고 하자.

$\therefore$ 준식 $=\displaystyle\lim_{n\to\infty}\frac{1}{n}\sum_{k=1}^{n}\frac{1}{\left(a+\dfrac{k}{n}\right)^2}=\int_0^1\frac{dx}{(a+x)^2}=\frac{1}{a(a+1)}$

[문제110] 극한값 $\dfrac{1}{3} = \lim\limits_{n\to\infty} \dfrac{n \cdot 3^n}{n(x-2)^n + n \cdot 3^{n+1} - 3^n}$ 이 성립하기

위한 x 값의 범위를 구하시오.

풀이

$$\dfrac{n3^n}{n(x-2)^n + n3^{n+1} - 3^n} = \dfrac{1}{\left(\dfrac{x-2}{3}\right)^n + 3 - \dfrac{1}{n}} \quad \cdots\cdots (1)$$

$$\lim_{n\to\infty}\left(\dfrac{x-2}{3}\right)^n + 3 = \lim_{n\to\infty}\left(\dfrac{x-2}{3}\right)^n + 3 - \dfrac{1}{n} \xleftrightarrow[\text{조건식}]{(1)} = 3$$

$$\Rightarrow \lim_{n\to\infty}\left(\dfrac{x-2}{3}\right)^n = 0$$

$$\Rightarrow \left|\dfrac{x-2}{3}\right| < 1 \Rightarrow \therefore -1 < x < 5$$

[문제111] $f(0) = 2000, f'(x) = 32000 - 20f(x)^2$ 일 때,

극한 $\lim\limits_{x \to \infty} f(x)$의 값을 구하시오.

 풀이

$y = f(x)$하면 조건식

$\Rightarrow \dfrac{dy}{1600 - y^2} = 20dx \xrightarrow{\text{양변적분}} \ln\left(\dfrac{y+40}{y-40}\right) = 1600x + c$

$\Rightarrow \dfrac{y+40}{y-40} = e^{1600x+c} \xrightarrow{y(0) = 2000} e^c = \dfrac{51}{49}$

$\Rightarrow \dfrac{y+40}{y-40} = \dfrac{51}{49}e^{1600x} \Rightarrow y = \dfrac{40(51e^{1600x} + 49)}{51e^{1600x} - 49}$

$\therefore \lim\limits_{x \to \infty} f(x) = 40$

[문제112] 극한 $\displaystyle \lim_{x \to 0} \frac{(1+mx)^n - (1+nx)^n}{x^2}$,

$(n \neq m)$의 값을 구하시오. (단, L`Hospital 정리는 사용 불가.)

 풀이

$_nC_1 mx - _mC_1 nx = 0 \quad \cdots\cdots (1)$

$\therefore 준식 = \displaystyle \lim_{x \to 0} \frac{\displaystyle\sum_{i=1}^{n} {}_nC_i(mx)^i + 1 - \sum_{j=1}^{m} {}_mC_j(nx)^j - 1}{x^2} \overset{(1)}{\longleftrightarrow}$

$= \displaystyle \lim_{x \to 0} \frac{_nC_2(mx)^2 - _mC_2(nx)^2}{x^2}$

$= \displaystyle \frac{n(n-1)m^2 - m(m-1)n^2}{2} = \frac{nm(n-m)}{2}$

[문제113] 극한 $\displaystyle\lim_{x \to 1} \frac{nx^{n+1} - (n+1)x^n + 1}{(x-1)^2}$ 의 값을 구하시오.

(단, L`Hospital 정리는 사용 불가.)

 풀이

$nx^{n+1} - (n+1)x^n + 1 = nx^n(x-1) - (x^n - 1)$

$\displaystyle = (x-1)\sum_{k=0}^{n-1} x^n - (x-1)\sum_{k=0}^{n-1} x^k$

$\displaystyle = (x-1)\sum_{k=0}^{n-1}(x^n - x^k) = (x-1)\sum_{k=0}^{n-1} x^k(x^{n-k} - 1)$

$\displaystyle = (x-1)^2 \sum_{k=0}^{n-1} x^k(x^{n-k-1} + \cdots + x + 1)$

$\displaystyle = (x-1)^2 \sum_{k=0}^{n-1} x^k\left(\sum_{j=0}^{n-k-1} x^j\right) \cdots\cdots (1)$

$\displaystyle \therefore \text{준 식} \xleftarrow{(1)} \lim_{x \to 1}\sum_{k=0}^{n-1} x^k\left(\sum_{j=0}^{n-k-1} x^j\right) = \sum_{k=0}^{n-1}\left(\sum_{j=0}^{n-k-1} 1\right) = \sum_{k=0}^{n-1}(n-k)$

$\displaystyle = n^2 - \frac{(n-1)n}{2} = \frac{n(n+1)}{2}$

[문제114] $n \in N$ 일 때, 극한 $\displaystyle\lim_{n \to \infty} \dfrac{1}{n} \left(\sum_{i=1}^{n} \dfrac{i}{\sqrt{1+i^2}} \right)$ 의 값을 구하시오.

👈 **풀이**

$f(x) = \dfrac{x}{\sqrt{x^2+1}}$ 하자. $f'(x) = \dfrac{1}{(x^2+1)\sqrt{x^2+1}} > 0$

$\Rightarrow f(x)$: 증가함수

$\displaystyle\int_{1}^{n} f(x)dx = \int_{1}^{n} \dfrac{x}{\sqrt{x^2+1}}\, dx = \dfrac{1}{2} \int_{1}^{n} \left(x^2+1\right)^{-\frac{1}{2}} d\left(x^2+1\right)$

$= \left[\sqrt{x^2+1} \right]_{1}^{n} = \sqrt{n^2+1} - \sqrt{2}$

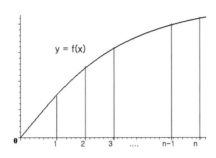

그림에서

$$f(1)+f(2)+\cdots+f(n-1) \le \int_1^n f(x)dx \le f(2)+f(3)+\cdots+f(n)$$

성립한다.

$$\Rightarrow f(1)+\int_1^n f(x)dx \le \sum_{k=1}^n f(k) \le f(n)+\int_1^n f(x)dx$$

$$\Rightarrow \frac{1}{\sqrt{2}}+\sqrt{n^2+1}-\sqrt{2} \le \sum_{k=1}^n f(k) \le \frac{n}{\sqrt{n^2+1}}+\sqrt{n^2+1}-\sqrt{2}$$

$$\Rightarrow \sqrt{1+\frac{1}{n^2}}-\frac{1}{n\sqrt{2}} \le \frac{1}{n}\sum_{k=1}^n f(k) \le \frac{1+\dfrac{1}{n}+\dfrac{1}{n^2}}{\sqrt{1+\dfrac{1}{n^2}}}-\frac{\sqrt{2}}{n} \xRightarrow{n\to\infty}$$

$$1 \le \lim_{n\to\infty}\frac{1}{n}\sum_{k=1}^n f(k) \le 1$$

$$\therefore \lim_{n\to\infty}\frac{1}{n}\left(\sum_{i=1}^n \frac{i}{\sqrt{1+i^2}}\right)=1$$

[문제115] $n \in N$ 일 때, 극한 $\displaystyle\lim_{n\to\infty} \frac{1}{\sqrt{n}} \left(\sum_{i=1}^{n} \frac{1}{\sqrt{i}} \right)$ 의 값을 구하시오.

$f(x) = \dfrac{1}{\sqrt{x}} \Rightarrow f(x)$: 감소함수

$\displaystyle\int_0^n \dfrac{dx}{\sqrt{x}} = 2\sqrt{n}$, $\displaystyle\int_1^n \dfrac{dx}{\sqrt{x}} = 2(\sqrt{n}-1)$

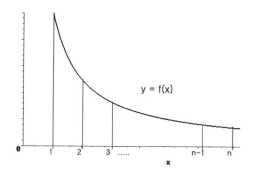

그림에서 $\displaystyle\int_1^n f(x)dx < f(1)+f(2)+\cdots+f(n) < \int_0^n f(x)dx$ 성립한다.

$\Rightarrow 2(\sqrt{n}-1) < \displaystyle\sum_{k=1}^n \dfrac{1}{\sqrt{k}} < 2\sqrt{n} \Rightarrow 2\left(1-\dfrac{1}{\sqrt{n}}\right) < \dfrac{1}{\sqrt{n}} \sum_{k=1}^n \dfrac{1}{\sqrt{k}} < 2$

$\xrightarrow{n\to\infty}$

$\Rightarrow 2 \le \displaystyle\lim_{n\to\infty} \dfrac{1}{\sqrt{n}} \sum_{k=1}^n \dfrac{1}{\sqrt{k}} \le 2 \Rightarrow \therefore \lim_{n\to\infty} \dfrac{1}{\sqrt{n}} \left(\sum_{i=1}^n \dfrac{1}{\sqrt{i}}\right) = 2$

[문제116] 극한 $\displaystyle\lim_{n\to\infty}\left(\prod_{i=2}^{2n}\cos\frac{\pi}{2^i}\right)$ 의 값을 구하시오.

풀이

$$\sin\frac{\pi}{2}=2\sin\frac{\pi}{2^2}\cos\frac{\pi}{2^2}=\ \cdots\ =2^{2n-1}\sin\frac{\pi}{2^{2n}}\left(\prod_{k=2}^{2n}\cos\frac{\pi}{2^k}\right)$$

$\cdots\cdots\cdots(1)$

$$\therefore\lim_{n\to\infty}\left(\prod_{i=2}^{2n}\cos\frac{\pi}{2^i}\right)\overset{(1)}{\longleftrightarrow}=\lim_{n\to\infty}\frac{1}{2^{2n-1}\sin\dfrac{\pi}{2^{2n}}}$$

$$=\left(\frac{2}{\pi}\right)\lim_{n\to\infty}\frac{\dfrac{\pi}{2^{2n}}}{\sin\dfrac{\pi}{2^{2n}}}=\frac{2}{\pi}$$

[문제117] $k \neq 0$ 일 때, 극한 $\displaystyle\lim_{n\to\infty} \dfrac{_{(nk-k)}C_{(n-1)}}{_{(nk)}C_{(n-1)}}$ 의 값을 구하시오.

$$\dfrac{_{nk-k}C_{n-1}}{_{nk}C_{n-1}} = \dfrac{(nk-k)!}{(n-1)!(nk-k-n+1)!} \cdot \dfrac{(n-1)!(nk-n+1)!}{(nk)!}$$

$$= \dfrac{(nk-n+1)(nk-n)\cdots(nk-k-n+2)}{(nk)(nk-1)\cdots(nk-k+1)}$$

$$= \left(\dfrac{nk-k-n+2}{nk-k+1}\right)\left(\dfrac{nk-k-n+3}{nk-k+2}\right)\cdots\left(\dfrac{nk-n+1}{nk}\right)$$

$$= \left(\dfrac{k-1-\dfrac{k-2}{n}}{k-\dfrac{k-1}{n}}\right)\left(\dfrac{k-1-\dfrac{k-3}{n}}{k-\dfrac{k-2}{n}}\right)\cdots\left(\dfrac{k-1-\dfrac{1}{n}}{k}\right) \cdots\cdots (1)$$

$$\therefore \lim_{n\to\infty} \dfrac{_{(nk-k)}C_{(n-1)}}{_{(nk)}C_{(n-1)}} \overset{(1)}{\longleftrightarrow} = \left(\dfrac{k-1}{k}\right)\left(\dfrac{k-1}{k}\right)\cdots\left(\dfrac{k-1}{k}\right) = \left(\dfrac{k-1}{k}\right)^k$$

[문제118] $a, b \neq 0$ 일 때, 극한 $\lim\limits_{n \to \infty} \left(\dfrac{\sqrt[n]{a} + \sqrt[n]{b}}{2} \right)^n$ 의 값을 구하시오.

👉 **풀이**

$$f(x) = \ln\left(\frac{a^x + b^x}{2} \right) \Rightarrow f'(x) = \left(\frac{2}{a^x + b^x} \right)\left(\frac{a^x \ln a + b^x \ln b}{2} \right), f'(0)$$

$$= \ln\sqrt{ab} \cdots\cdots (1)$$

$$\therefore 준 식 \xleftarrow{\dfrac{1}{n} = x} = \lim_{x \to 0} \left(\frac{a^x + b^x}{2} \right)^{\frac{1}{x}} = e^{\lim\limits_{x \to 0} \frac{\ln\left(\frac{a^x + b^x}{2} \right)}{x}} = e^{\lim\limits_{x \to 0} \frac{\ln\left(\frac{a^x + b^x}{2} \right) - \ln\left(\frac{a^0 + b^0}{2} \right)}{x}}$$

$$\xleftarrow{(1)} = e^{\lim\limits_{x \to 0} \frac{f(x) - f(0)}{x}} = e^{f'(0)} = e^{\ln\sqrt{ab}} = \sqrt{ab}$$

INFINITE
MATHEMATICS

미 분 5

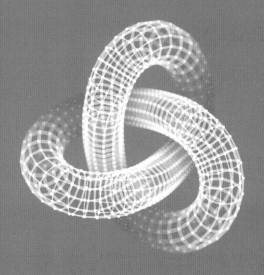

[문제119] $f(x) = \prod\limits_{i=1}^{n}\left(1 + \dfrac{i}{x}\right)$ 일 때, 미분계수 $f'(-1)$의 값을 구하시오.

풀이

조건식에서 $\ln f(x) = \sum\limits_{i=1}^{n} \ln\left(1 + \dfrac{i}{x}\right) \xrightarrow{\text{미분}}$

$\dfrac{f'(x)}{f(x)} = \sum\limits_{i=1}^{n} \dfrac{-\dfrac{i}{x^2}}{1 + \dfrac{i}{x}} = \sum\limits_{i=1}^{n} \dfrac{-i}{x(x+i)}$

$\Rightarrow f'(x) = \left(\prod\limits_{i=1}^{n}\left(1 + \dfrac{i}{x}\right)\right)\left(\sum\limits_{i=1}^{n}\left(\dfrac{1}{x+i} - \dfrac{1}{x}\right)\right)$

$= \left(\prod\limits_{i=2}^{n}\dfrac{x+i}{x}\right)\left(\dfrac{x+1}{x}\right)\left(\sum\limits_{i=2}^{n}\dfrac{1}{x+i} + \dfrac{1}{x+1} - \dfrac{n}{x}\right)$

$= \dfrac{1}{x}\left(\prod\limits_{i=2}^{n}\dfrac{x+i}{x}\right) + f(x)\left(\sum\limits_{i=2}^{n}\dfrac{1}{x+i}\right) - f(x)\dfrac{n}{x} \xrightarrow[f(-1)=0]{x=-1}$

$\therefore f'(-1) = (-1)\prod\limits_{i=2}^{n}(1-i) = (-1)^n \bullet (n-1)!$

[문제120] $\displaystyle\int_0^x t^3 f(t)dt = x^4 + f(x)$ 일 때, 미분 가능한 함수 $f(x)$을 구하시오.

 풀이

조건식에 $x = 0$ 대입하면, $f(0) = 0$ 이다. 조건식을 미분하면,

$x^3 f(x) = 4x^3 + f'(x)$

$\xrightarrow{-e^{-\frac{1}{4}x^4}\; 곱} \left(-x^3 e^{-\frac{1}{4}x^4}\right)f(x) + \left(e^{-\frac{1}{4}x^4}\right)f'(x) = -4x^3 e^{-\frac{1}{4}x^4}$

$\Rightarrow \dfrac{d}{dx}\left(e^{-\frac{1}{4}x^4}f(x)\right) = -4x^3 e^{-\frac{1}{4}x^4} \xrightarrow{적분} e^{-\frac{1}{4}x^4}f(x) = 4e^{-\frac{1}{4}x^4} + c$

$\xrightarrow{x=0} c = -4$

$\therefore f(x) = 4\left(1 - e^{\frac{1}{4}x^4}\right)$

정리 2 〉 Cauchy의 평균값 정리

$f(x), g(x)$는 $[a, b]$에서 연속이고 (a, b)에서는 미분 가능하면,

$\dfrac{f(b)-f(a)}{g(b)-g(a)} = \dfrac{f'(c)}{g'(c)}$, $(g'(c) \neq 0)$인 $c \in (a, b)$ 가 존재한다.

증명

$F(x) = f(x) - f(a) - \left(\dfrac{f(b)-f(a)}{g(b)-g(a)}\right)(g(x)-g(a))$ 라고 하자.

$F(x)$: 연속, 미분가능하다.

$F'(x) = f'(x) - \left(\dfrac{f(b)-f(a)}{g(b)-g(a)}\right)g'(x)$

$\Rightarrow F'(c) = f'(c) - \left(\dfrac{f(b)-f(a)}{g(b)-g(a)}\right)g'(c)$

$\Rightarrow F(a) = F(b) = 0 \xrightarrow{\ Rolle \ 정리\ } \exists c \in (a,b), \ F'(c) = 0$

$\therefore \dfrac{f'(c)}{g'(c)} = \dfrac{f(b)-f(a)}{g(b)-g(a)}$

[문제121] 함수 $f(x)$는 $[a, b]$에서 연속이고 (a, b)에서 미분가능하면,

$$c \cdot f(c) = \frac{\int_a^b f(x)dx}{\ln b - \ln a} , (0 < a < b) 인 \ c \in (a, b)가 \ 존재함을 \ 증명하시오.$$

증명

$F(x) = \int_a^x f(t)dt$, $g(x) = \ln x$ 하자. $F(x), g(x)$는 연속, 미분가능하다.

[정리2]에 의해 $\exists c \in (a, b)$, $\dfrac{F(b) - F(a)}{g(b) - g(a)} = \dfrac{F'(c)}{g'(c)}$ 이 성립한다.

$$\Rightarrow \therefore \frac{\int_a^b f(x)dx}{\ln b - \ln a} = \frac{\int_a^b f(x)dx - \int_a^a f(x)dx}{\ln b - \ln a} = \frac{f(c)}{c^{-1}} = c \cdot f(c)$$

[문제122] $f(x)$는 $[a, b]$에서 연속이고 (a, b)에서 미분 가능하면, $f'(c)$
$= \dfrac{1}{c\sqrt{ab}}\left(\dfrac{\ln(ab) - 2\ln c}{(\ln c - \ln a)(\ln c - \ln b)}\right)$ 인 $c \in (a, b)$ 가 존재함을 증명하시오.

증명

$F(x) = (\ln x - \ln a)(\ln x - \ln b)e^{\sqrt{ab}\,f(x)}$ 라 하면, $F(x)$ 는 연속, 미분가능
하다.

$\Rightarrow F(a) = F(b) = 0 \xrightarrow{Rolle\ 정리} \exists c \in (a, b),\ F'(c) = 0 \ \cdots\cdots (1)$

$\Rightarrow F'(x) = \left(\dfrac{2\ln x - \ln a - \ln b}{x} + \sqrt{ab}\,f'(x)\left(\ln\dfrac{x}{a}\right)\left(\ln\dfrac{x}{b}\right)\right)e^{\sqrt{ab}\,f(x)}$

$\xrightarrow{(1)} 0 = \left(\dfrac{2\ln c - \ln ab}{c} + \sqrt{ab}\,f'(c)\left(\ln\dfrac{c}{a}\right)\left(\ln\dfrac{c}{b}\right)\right)$

$\Rightarrow \therefore f'(c) = \dfrac{1}{c\sqrt{ab}}\left(\dfrac{\ln(ab) - 2\ln c}{(\ln c - \ln a)(\ln c - \ln b)}\right)$

[문제123] $f(0) = f'(0) = \sqrt{\dfrac{2}{5}}$, $(f(x) + f'(x))^2 + f(x)f''(x) = \cos x$

일 때, 함수 $f\left(\dfrac{\pi}{4}\right)$ 의 값을 구하시오.

☞ 풀이

$f(x) = y$ 라 하자. 조건식을 변형하면, $\cos x = y^2 + 2yy' + (y')^2 + yy''$

$= y^2 + 2yy' + (yy')' \xrightarrow{\ y^2 = t\ } t + t' + \dfrac{t''}{2} = \cos x$ ········ (1)

$t = A\sin x + B\cos x$ 라고 하자.

$t' = A\cos x - B\sin x \Rightarrow t(0) = B = y(0)^2 = \dfrac{2}{5}$

$t'(0) = A = 2y(0)y'(0) = \dfrac{4}{5}$

$\Rightarrow y^2 = \dfrac{4}{5}\sin x + \dfrac{2}{5}\cos x \Rightarrow \therefore f\left(\dfrac{\pi}{4}\right) = \sqrt{\dfrac{3\sqrt{2}}{5}}$

[문제124] $f(x)$ 는 연속, 미분가능하고 $F(x) = \displaystyle\int_x^{x+1}\left(\int_x^y f(z)dz\right)dy$ 일 때, 이계도함수 $F''(x)$ 을 구하시오.

 풀이

$G'(x) = f(x)$, $H(x+1) = \displaystyle\int_0^{x+1}\left(\int_x^y f(z)dz\right)dy$ 라고 하자.

$H(x+1) = \displaystyle\int_0^{x+1} G(y) - G(x) \, dy \xrightarrow{\text{미분}}$

$H'(x+1) = G(x+1) - (G(x) + (x+1)f(x))$

$= \displaystyle\int_x^{x+1} f(t)dt - (x+1)f(x) \quad \cdots\cdots (1)$

$H(x) = \displaystyle\int_0^x G(y) - G(x) \, dy \xrightarrow{\text{미분}} H'(x) = G(x) - (G(x) + xf(x))$

$= -xf(x) \cdots\cdots (2)$

$F(x) = \displaystyle\int_x^{x+1}\left(\int_x^y f(z)dz\right)dy = H(x+1) - H(x) \xrightarrow{\text{미분}, (1),(2)}$

$F'(x) = H'(x+1) - H'(x) = \displaystyle\int_x^{x+1} f(t)dt - f(x)$

$\Rightarrow \therefore F''(x) = f(x+1) - f(x) - f'(x)$

[문제125] $x = \int_0^x e^{x-t} f(t) dt$ 일 때, 연속함수 $f(x)$을 구하시오.

👉 풀이

$x = \int_0^x e^{x-t} f(t) dt = e^x \int_0^x e^{-t} f(t) dt \Rightarrow xe^{-x} = \int_0^x e^{-t} f(t) dt$

$\underset{\Longrightarrow}{\text{미분}}$

$\Rightarrow e^{-x} - xe^{-x} = e^{-x} f(x) \Rightarrow \therefore f(x) = 1 - x$

[문제126] $\dfrac{1}{e^x} - 1 = \displaystyle\int_0^x f(t) + t\,f(x-t)\,dt$ 일 때, 미분 가능한 함수 $f(x)$을 구하시오.

$$\int_a^b f(x)dx = \int_a^b f(a+b-x)dx \cdots\cdots (1)$$

$$\int_0^x t f(x-t)\,dt \overset{(1)}{\longleftrightarrow} = \int_0^x (x-t)f(t)dt = x\int_0^x f(t)dt - \int_0^x t f(t)dt$$

조건식$\longrightarrow$

$$\frac{1}{e^x} - 1 = (x+1)\int_0^x f(t)dt - \int_0^x t f(t)dt \overset{\text{미분}}{\longrightarrow} -\frac{1}{e^x}$$

$$= \int_0^x f(t)dt + (x+1)f(x) - xf(x)$$

$$= \int_0^x f(t)dt + f(x) \overset{x=0}{\longrightarrow} f(0) = -1 \quad \text{앞 식을 미분하면, 다음과 같다.}$$

$$\frac{1}{e^x} = f(x) + f'(x) \Rightarrow 1 = e^x(f(x)+f'(x)) = \left(e^x f(x)\right)' \overset{\text{적분}}{\longrightarrow}$$

$$x + c = e^x f(x) \overset{x=0}{\longrightarrow} c = -1$$

$$\therefore f(x) = \frac{x-1}{e^x}$$

[문제127] $f(x) \in R^+$, $\dfrac{f(1)}{f(0)} = e$, $\displaystyle\int_0^1 \dfrac{1}{f(x)^2} + f'(x)^2 \, dx \le 2$ 일 때,

연속이고 미분 가능한 함수 $f(x)$을 구하시오.

 풀이

$$0 \le \int_0^1 \left(f'(x) - \frac{1}{f(x)} \right)^2 dx = \int_0^1 f'(x)^2 + \frac{1}{f(x)^2} \, dx - 2 \int_0^1 \frac{f'(x) dx}{f(x)}$$

$\xleftrightarrow{\text{조건식}}$

$$\le 2 - 2 \big[\ln f(x) \big]_0^1 = 2 \left(1 - \ln \frac{f(1)}{f(0)} \right) \xleftrightarrow{\text{조건}} = 0 \quad \Rightarrow f'(x) - \frac{1}{f(x)} = 0$$

$$\Rightarrow f(x) \, df(x) = dx$$

$\xrightarrow{\text{적분}} f(x) = \sqrt{2x + c} \quad \cdots\cdots (1)$

한편, $e = \dfrac{f(1)}{f(0)} = \dfrac{\sqrt{2+c}}{\sqrt{c}} \Rightarrow c = \dfrac{2}{e^2 - 1}$

$\therefore f(x) = \sqrt{2x + \dfrac{2}{e^2 - 1}}$

[문제128] $0 = f''(x)(1+f(x)) + \dfrac{1}{2}f'(x)^2$, $(0 = f(0), 1 = f(1))$

일 때, 함수 $f(x)$을 구하시오.

 풀이

조건식에 $\dfrac{1}{\sqrt{1+f(x)}}$ 을 곱하면, $0 = \dfrac{f''(x)(1+f(x))}{\sqrt{1+f(x)}} + \dfrac{f'(x)^2}{2\sqrt{1+f(x)}}$

$= f''(x)\sqrt{1+f(x)} + f'(x)\left(\sqrt{1+f(x)}\right)' = \left(f'(x)\sqrt{1+f(x)}\right)'$

$\xrightarrow{\text{적분}}$

$c_1 = f'(x)\sqrt{1+f(x)}$

$\Rightarrow \displaystyle\int c_1\,dx = \int \sqrt{1+f(x)}\,d(1+f(x)) \Rightarrow c_1 x + c_2 = \dfrac{2}{3}\sqrt{(f(x)+1)^3}$

$\xrightarrow[x=0,\,x=1]{} c_1 = \dfrac{2(2\sqrt{3}-1)}{3}$, $c_2 = \dfrac{2}{3}$

$\therefore f(x) = \sqrt[3]{\left((2\sqrt{3}-1)x+1\right)^2} - 1$

[문제129] $\lim\limits_{x\to\infty}\dfrac{f(x)}{x}=1$, $(f(0)=e)$ 일 때,

이상적분 $\displaystyle\int_0^\infty e^{-x}\{f(x)-f'(x)\}\,dx$ 의 값을 구하시오.

👉 풀이

$$\therefore \int_0^\infty e^{-x}\{f(x)-f'(x)\}\,dx$$

$$=\lim_{c\to\infty}\int_0^c -\left(e^{-x}f(x)\right)'\,dx=-\lim_{c\to\infty}\left[e^{-x}f(x)\right]_0^c$$

$$=e-\lim_{c\to\infty}\frac{f(c)}{e^c}=e-\left(\lim_{c\to\infty}\frac{f(c)}{c}\right)\left(\lim_{c\to\infty}\frac{c}{e^c}\right)\xleftarrow[\text{조건식}]{L'Hospital\,정리}=e$$

[문제130] $\dfrac{(-1)^n}{n!}\displaystyle\int_1^2 (\ln x)^n\, dx = 1 + 2\sum_{i=1}^n \dfrac{(-\ln 2)^i}{(i)!}$ 이 성립함을

증명하시오.

증명

$I_n = \displaystyle\int_1^2 (\ln x)^n\, dx \xleftrightarrow{\text{부분적분}} = 2(\ln 2)^n - n\int_1^2 (\ln x)^{n-1}\, dx$

$= 2(\ln 2)^n - n I_{n-1}$

$\Rightarrow \dfrac{(-1)^n}{n!} I_n - \dfrac{(-1)^{n-1}}{(n-1)!} I_{n-1} = \dfrac{2}{n!}(-\ln 2)^n \xrightarrow[\text{더하면}]{n=1,2,\cdots,n}$

$\dfrac{(-1)^n}{n!} I_n - I_0 = 2\displaystyle\sum_{i=1}^n \dfrac{(-\ln 2)^i}{(i)!}$

한편, $I_0 = \displaystyle\int_1^2 1\, dx = 1 \Rightarrow$

$\therefore \dfrac{(-1)^n}{n!}\displaystyle\int_1^2 (\ln x)^n\, dx = 1 + 2\sum_{i=1}^n \dfrac{(-\ln 2)^i}{(i)!}$

[문제131] $x + yy' = 3y^2\sqrt{x^2+y^2}\,y'$, $f(0) = 1$ 일 때,
그래프 $y = f(x)$ 식을 구하시오.

풀이

조건식에서 $6y^2\sqrt{x^2+y^2}\,dy = 2xdx + 2ydy = d(x^2+y^2) \Rightarrow$

$$\frac{d(x^2+y^2)}{\sqrt{x^2+y^2}} = 6y^2\,dy$$

$\xrightarrow{\text{적분}} 2\sqrt{x^2+y^2} = 2y^3 + c \xrightarrow{x=0} c = 0. \ \therefore \sqrt{x^2+y^2} = y^3$

[문제132] $2x - y\sin(xy) = y'\left(x\sin(xy) - 3y^2\right)$, $f(0) = 1$ 일 때,
그래프 $y = f(x)$ 식을 구하시오.

👉 풀이

$\xrightarrow{\text{조건식}} 0 = 2x\,dx - (y\,dx + x\,dy)\sin(xy) + 3y^2\,dy$

$= 2x\,dx - \sin(xy)\,d(xy) + 3y^2\,dy$

$\xrightarrow{\text{적분}} c = x^2 + \cos(xy) + y^3 \xrightarrow{x=0} c = 2 \quad \therefore x^2 + \cos(xy) + y^3 = 2$

[문제133] $y' = \dfrac{x\cos y - y\sin y}{x\sin y + y\cos y}$, $f(0) = 0$ 일 때, 그래프 $y = f(x)$

식을 구하시오.

풀이

$\xrightarrow{\text{조건식}} 0 = (x\cos y - y\sin y)dx - (x\sin y\,dy + y\cos y\,dy)$

$= (x\cos y - y\sin y - \cos y)dx + \{x\,d(\cos y) + \cos y\,dx\} + \sin y\,dy$
$\quad - \{y\,d(\sin y) + \sin y\,dy\}$

$= (x\cos y - y\sin y - \cos y)dx + d(x\cos y) - d(y\sin y) + \sin y\,dy$

$= (x\cos y - y\sin y - \cos y)dx + d(x\cos y - y\sin y - \cos y)$

$\underline{\text{양변에}\ e^x\ \text{을 곱하면}}$

$= e^x(x\cos y - y\sin y - \cos y)dx + e^x\,d(x\cos y - y\sin y - \cos y)$

$= d\big(e^x(x\cos y - y\sin y - \cos y)\big)$

$\xrightarrow{\text{적분}} c = e^x(x\cos y - y\sin y - \cos y) \xrightarrow{x=0} c = -1$

$\therefore e^x(x\cos y - y\sin y - \cos y) + 1 = 0$

[문제134] $y' = \dfrac{3x^2 - 4xy + y^2 - 3y}{2x^2 - 2xy - 6y^2 + 3x}$, $f(0) = -1$ 일 때, 그래프

$y = f(x)$ 식을 구하시오.

 풀이

$\xrightarrow{\text{조건식}} 0 = (2x^2 - 2xy - 6y^2 + 3x)dy - (3x^2 - 4xy + y^2 - 3y)dx$

$= (2x^2 dy + 4xy dx) + (3x dy + 3y dx) - (2xy dy + y^2 dx) - (6y^2 dy + 3x^2 dx)$

$= d(2x^2 y) + d(3xy) - d(xy^2) - d(2y^3 + x^3) = d(2x^2 y + 3xy - xy^2 - 2y^3 - x^3)$

$\xrightarrow{\text{적분}}$

$c = 2x^2 y + 3xy - xy^2 - 2y^3 - x^3 \xrightarrow{x = 0} c = 2$

$\therefore 2x^2 y + 3xy - xy^2 - 2y^3 - x^3 = 2$

[문제135] $f(x)$는 증가, 연속, 미분 가능한 함수일 때, 다음 부등식을

증명하시오. $0 \leq \left(\dfrac{1}{n} \displaystyle\sum_{i=1}^{n} f\left(\dfrac{i}{n}\right) \right) - \displaystyle\int_{0}^{1} f(x)dx \leq \dfrac{f(1)-f(0)}{n}$

증명

$f(x)$는 증가함수 이므로 두 직사각형 넓이 사이의 관계가 성립한다.

$$\Rightarrow \frac{1}{n} f\left(\frac{i-1}{n}\right) \leq \int_{\frac{i-1}{n}}^{\frac{i}{n}} f(x)dx \leq \frac{1}{n} f\left(\frac{i}{n}\right)$$

$$\Rightarrow 0 \leq \frac{1}{n} f\left(\frac{i}{n}\right) - \int_{\frac{i-1}{n}}^{\frac{i}{n}} f(x)dx \leq \frac{1}{n} f\left(\frac{i}{n}\right) - \frac{1}{n} f\left(\frac{i-1}{n}\right)$$

$$\Rightarrow 0 \leq \sum_{i=1}^{n} \left(\frac{1}{n} f\left(\frac{i}{n}\right) - \int_{\frac{i-1}{n}}^{\frac{i}{n}} f(x)dx \right) \leq \frac{1}{n} \sum_{i=1}^{n} \left(f\left(\frac{i}{n}\right) - f\left(\frac{i-1}{n}\right) \right)$$

$$\Rightarrow \therefore \ 0 \leq \left(\frac{1}{n} \sum_{i=1}^{n} f\left(\frac{i}{n}\right) \right) - \int_{0}^{1} f(x)dx \leq \frac{f(1)-f(0)}{n}$$

[문제136] $\displaystyle\int_0^1 f(x)\big(4x^2 - f(x)\big)\,dx = \dfrac{4}{5}$ 일 때, 연속함수 $f(x)$을

구하시오.

👉 **풀이**

$$\int_0^1 f(x)\big(4x^2 - f(x)\big)\,dx = \frac{4}{5}$$

$$= \int_0^1 4x^4\,dx \Rightarrow 0 = \int_0^1 \big(2x^2\big)^2 - 2\big(2x^2\big)f(x) + f(x)^2\,dx$$

$$= \int_0^1 \big(2x^2 - f(x)\big)^2\,dx \Rightarrow \therefore f(x) = 2x^2$$

[문제137] $f(x+y) = e^x f(y) + e^y f(x)$, $f'(0) = 3$ 일 때, 연속함수 $f(x)$을 구하시오.

풀이

조건식에 $x = y = 0$ 대입하면, $f(0) = 0$ 이다.

$$3 = f'(0) = \lim_{h \to 0} \frac{f(h) - f(0)}{h} = \lim_{h \to 0} \frac{f(h)}{h} \cdots\cdots (1)$$

$$\lim_{h \to 0} \frac{e^h - 1}{h} = 1 \cdots (2)$$

$$f'(x) = \lim_{h \to 0} \frac{f(x+h) - f(x)}{h} \xleftrightarrow{\text{조건식}} = \lim_{h \to 0} \frac{e^x f(h) + e^h f(x) - f(x)}{h}$$

$$\xleftrightarrow{(1) \atop (2)} = 3e^x + f(x)$$

$$\Rightarrow 3 = e^{-x} f'(x) - e^{-x} f(x) = \left(e^{-x} f(x) \right)' \xrightarrow{\text{적분}} 3x + c = e^{-x} f(x)$$

$$\xrightarrow{x = 0} c = 0$$

$$\therefore f(x) = 3x e^x$$

[문제138] $x, y \in R^+$, $1 = x + y + xy$ 일 때, $\dfrac{1}{x+y} + \dfrac{1}{x} + \dfrac{1}{y}$ 의 최솟값을 구하시오.

 풀이

$1 = x + y + xy \geq 2\sqrt{xy} + xy \Rightarrow 2 \geq \left(1 + \sqrt{xy}\right)^2 \Rightarrow \sqrt{2} - 1 \geq \sqrt{xy}$

$\Rightarrow \dfrac{1}{2} > 3 - 2\sqrt{2} \geq xy$ ……… (1)

$f(t) = \dfrac{1}{1-t} + \dfrac{1}{t}, \left(0 < t < \dfrac{1}{2}\right)$ 하자.

$f'(t) = \dfrac{2t-1}{\left(t-t^2\right)^2} < 0 \Rightarrow f(t)$ 는 감소함수이다.

$\dfrac{1}{x+y} + \dfrac{1}{x} + \dfrac{1}{y}$

$= \dfrac{1}{1-xy} + \dfrac{x+y}{xy} = \dfrac{1}{1-xy} + \dfrac{1-xy}{xy} = \dfrac{1}{1-xy} + \dfrac{1}{xy} - 1 \xleftarrow{\substack{\text{윗 식} \\ (1)}}$

$\therefore \min = \dfrac{1}{1-\left(3-2\sqrt{2}\right)} + \dfrac{1}{3-2\sqrt{2}} - 1 = \dfrac{5}{2}\left(1 + \sqrt{2}\right)$

[문제139] $y' = 3 + \dfrac{1}{3x - y} + 3x - y$, $f(0) = 1$ 일 때, 그래프

$y = f(x)$ 식을 구하시오.

풀이

$$\dfrac{1}{3x - y} = y' - 3 + (y - 3x) = (y - 3x)' + (y - 3x) \xrightarrow{\;y - 3x\; \text{곱}\;}$$

$$0 = (y - 3x)(y - 3x)' + (y - 3x)^2 + 1 = \{(y - 3x)^2\}' + 2(y - 3x)^2 + 2$$

$$\xrightarrow{\;e^{2x}\; \text{곱}\;}$$

$$0 = e^{2x}\{(y - 3x)^2\}' + (e^{2x})'(y - 3x)^2 + (e^{2x})' = \{e^{2x}(y - 3x)^2 + e^{2x}\}' \xrightarrow{\;\text{적분}\;}$$

$$c = e^{2x}(y - 3x)^2 + e^{2x} \xrightarrow{\;x = 0\;} c = 2 \Rightarrow \therefore e^{2x}\left((y - 3x)^2 + 1\right) = 2$$

[문제140] $x^2 y' \sin\left(\dfrac{1}{x}\right) + y \cos\left(\dfrac{1}{x}\right) = 1$, $f\left(\dfrac{4}{\pi}\right) = 0$ 일 때, 그래프 $y = f(x)$ 식을 구하시오.

👉 **풀이**

조건식에서 x^2을 나누면, $\dfrac{1}{x^2} = y' \sin\left(\dfrac{1}{x}\right) - y\left(\sin\dfrac{1}{x}\right)' \xrightarrow{\quad \sin^2\left(\dfrac{1}{x}\right) \text{ 나누면} \quad}$

$\Rightarrow \dfrac{\csc^2\left(\dfrac{1}{x}\right)}{x^2} = \dfrac{y' \sin\left(\dfrac{1}{x}\right) - y\left(\sin\dfrac{1}{x}\right)'}{\sin^2\left(\dfrac{1}{x}\right)} = \left(\dfrac{y}{\sin\dfrac{1}{x}}\right)'$

$\Rightarrow \left(\cot\dfrac{1}{x}\right)' = \left(\dfrac{y}{\sin\dfrac{1}{x}}\right)' \xrightarrow{\text{적분}}$

$\Rightarrow c + \cot\dfrac{1}{x} = y \csc\dfrac{1}{x} \xrightarrow{\quad x = \dfrac{4}{\pi} \quad} c = -1. \quad \therefore y = \cos\left(\dfrac{1}{x}\right) - \sin\left(\dfrac{1}{x}\right)$

[문제141] $f'(x)\tan x = \displaystyle\int_{\frac{\pi}{6}}^{x} 2\cot u\, du$, $f\left(\dfrac{\pi}{6}\right) = 0$ 일 때, 함수 $f(x)$ 을 구하시오.

👉 **풀이**

$f'(x)\tan x = 2\left[\ln(\sin u)\right]_{\frac{\pi}{6}}^{x} = 2\ln(2\sin x) \Rightarrow f'(x) = 2\cot x\ln(2\sin x)$

$\xrightarrow{\text{적분}}$

$\Rightarrow f(x) = 2\displaystyle\int \ln(2\sin x)\, d(\ln(2\sin x)) = \ln^2(2\sin x) + c$

$\xrightarrow{x = \frac{\pi}{6}} c = 0. \quad \therefore f(x) = \ln^2(2\sin x)$

[문제142] $f(x) = \displaystyle\int_0^x \sin(t^2 - t + x)\,dt$ 일 때, 함수 $f(x) + f''(x)$ 을

구하시오.

풀이

$$\frac{d}{dx}\left(\int_0^x f(x)g(t)dt\right) = f(x)g(x) + \int_0^x f'(x)g(t)dt \ \cdots\cdots (1)$$

$$f'(x) = \sin x^2 + \int_0^x \cos(t^2 - t + x)dt$$

$$f''(x) = 2x\cos x^2 + \cos x^2 - \int_0^x \sin(t^2 - t + x)dt$$

$$\therefore f(x) + f''(x) = (2x + 1)\cos x^2$$

[문제143] 구간 $[a, b]$에서 연속이고 미분 가능한 함수 $f(x)$ 라면,

$$f'(c) = \frac{f(b) - f(a) + c - \frac{1}{2}(a+b)}{b-a} \text{ 인 } c \in (a, b)\text{가 존재함을 증명하시오.}$$

증명

$F(x) = f(x) - \frac{1}{2}\left(\frac{x^2}{b-a}\right) - \left(\frac{f(b)-f(a)}{b-a}\right)x + \frac{1}{2}\left(\frac{b+a}{b-a}\right)x$ 라고 하자.

$\Rightarrow F(a) = \dfrac{bf(a) - af(b) + \dfrac{ab}{2}}{b-a}$, $F(b) = \dfrac{bf(a) - af(b) + \dfrac{ab}{2}}{b-a}$

$\Rightarrow F(a) = F(b) \xrightarrow{Rolle's \text{ 정리}}$

$\Rightarrow \exists c \in (a, b), F'(c) = 0 \cdots\cdots (1)$

$\Rightarrow F'(x) = f'(x) - \dfrac{x}{b-a} - \dfrac{f(b)-f(a)}{b-a} + \dfrac{1}{2}\left(\dfrac{b+a}{b-a}\right) \xrightarrow{(1)}$

$f'(c) = \dfrac{f(b)-f(a)+c-\dfrac{1}{2}(a+b)}{b-a}$

[문제144] 구간 $[a, b]$ 에서 연속, 미분 가능한 함수 $f(x)$ 이고

$f'(a) = f'(b) = 0$ 이면, $\dfrac{f(c) - f(a)}{c - a} = f'(c)$ 인 $c \in (a, b)$ 가 존재함을

증명하시오.

증명

$g(a) = g(b) = 0$, $g(x)$ 는 구간 $[a, b]$ 에서 연속, 미분 가능한 함수라 하자.

중간치정리에 의해 $\exists c \in (a, b)$, $\displaystyle\int_a^c g(x)dx = (c - a)g(c)$ 이 성립한다.

한편, $f(x) = \displaystyle\int_a^x g(t)dt$ 하면,

$f'(x) = g(x)$, $f'(a) = f'(b) = g(a) = 0$ 된다.

$\Rightarrow f'(c) = g(c) = \dfrac{\displaystyle\int_a^c g(x)dx}{c - a}$

$= \dfrac{\displaystyle\int_a^c g(x)dx - \displaystyle\int_a^a g(x)dx}{c - a} = \dfrac{f(c) - f(a)}{c - a}$

[문제145] 구간 $[a, b]$에서 연속, 미분 가능한 함수 $f(x)$이고 $f'(a) = f'(b)$ 이면, $\dfrac{f(c) - f(a)}{c - a} = f'(c)$ 인 $c \in (a, b)$ 가 존재함을 증명하시오.

증명

$F(x) = f(x) - f'(b)x$ 라고 하자.

$F'(x) = f'(x) - f'(b)$, $F'(a) = 0$, $F'(b) = 0$

$\xrightarrow{\text{[문제144]}} \exists c \in (a, b),\ F'(c) = \dfrac{F(c) - F(a)}{c - a}$

$\Rightarrow f'(c) - f'(b) = \dfrac{f(c) - f(a)}{c - a} - f'(b)$

$\Rightarrow \dfrac{f(c) - f(a)}{c - a} = f'(c)$

[문제146] 연속, 미분 가능한 함수 $f(x)$, $f\left(\dfrac{x+y}{2}\right) = \dfrac{f(x)+f(y)}{2}$, $f(0) = 0$ 이고, $\min\left\{\displaystyle\int_{0}^{2\pi} (f(x)-\sin x)^2\,dx\right\}$이 있는 함수 $f(x)$을 구하시오.

 풀이

조건식을 미분하면, $f'\left(\dfrac{x+y}{2}\right) = f'(x) \xrightarrow{\ x=0\ } f'\left(\dfrac{y}{2}\right) = f'(0) = c_1$

$\xrightarrow{\ y=2x\ }$

$\Rightarrow c_1 = f'(x) \Rightarrow f(x) = c_1 x + c_2 \xrightarrow{\ x=0\ } c_2 = 0 \Rightarrow f(x) = c_1 x$

$\displaystyle\int_{0}^{2\pi} (c_1 x - \sin x)^2\,dx = \dfrac{8\pi^3}{3}\left(c_1 + \dfrac{3}{4\pi^2}\right)^2 - \dfrac{\pi}{2} \xrightarrow{\ \min\ } c_1 = -\dfrac{3}{4\pi^2}$

$\therefore f(x) = -\dfrac{3}{4\pi^2}x$

[문제147] $f(x) = 1 + \dfrac{1}{x} \displaystyle\int_1^x f(t)dt, \ (x > 0)$ 일 때, 연속함수 $f(x)$ 을

구하시오.

 풀이

조건식에서 $1 + \dfrac{1}{x} \displaystyle\int_1^x f(t)dt = f(x) = \left(\displaystyle\int_1^x f(t)dt \right)' \xrightarrow{x \, \text{곱}}$

$\Rightarrow x = x\left(\displaystyle\int_1^x f(t)dt \right)' - \displaystyle\int_1^x f(t)dt \xrightarrow{x^2 \, \text{나누면}}$

$\dfrac{1}{x} = \dfrac{x\left(\displaystyle\int_1^x f(t)dt \right)' - \displaystyle\int_1^x f(t)dt}{x^2}$

$= \dfrac{d}{dx}\left(\dfrac{\displaystyle\int_1^x f(t)dt}{x} \right) \xrightarrow{\text{적분}} \ln x + c = \dfrac{\displaystyle\int_1^x f(t)dt}{x} \xrightarrow{x=1} c = 0$

$\Rightarrow \displaystyle\int_1^x f(t)dt = x \ln x \xrightarrow{\text{미분}}$

$\therefore f(x) = 1 + \ln x$

[문제148] $0 = \displaystyle\int_0^x \left(e^{-x} - ae^{-t}\right)f(t)dt,\ (a \neq 1),\ f(0) = 1$일 때, 연속

함수 $f(x)$을 구하시오.

 풀이

$0 = e^{-x}\displaystyle\int_0^x f(t)dt - a\int_0^x e^{-t}f(t)dt \xrightarrow{\text{미분}} \int_0^x f(t)dt = (1-a)f(x)$

$\xrightarrow{\text{미분}}$

$\Rightarrow \dfrac{f'(x)}{f(x)} = \dfrac{1}{1-a} \xrightarrow{\text{적분}} \ln f(x) = \dfrac{x}{1-a} + c \xrightarrow{x=0} c = 0$

$\therefore f(x) = e^{\frac{1}{1-a}x}$

적 분 6

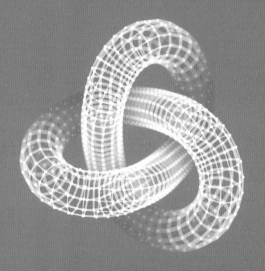

[문제149] $f(x+1) = 8x^4 + 32x^3 + 40x^2 + 16x + 1$ 일 때, 부정적분 $\displaystyle\int f^n(\cos x)\, dx$ 의 값을 구하시오.

$f(x) = f((x-1)+1) = 8(x-1)^4 + 32(x-1)^3 + 40(x-1)^2$
$\qquad\quad + 16(x-1) + 1$
$\qquad = 8x^4 - 8x^2 + 1$

$f(\cos x) = 8\cos^4 x - 8\cos^2 + 1 = \cos(4x)$

$f^2(\cos x) = f(\cos 4x) = \cos(4^2 x)$

$\qquad\quad \cdots\cdots\ f^n(\cos x) = \cos(4^n x)$

$\therefore \displaystyle\int f^n(\cos x)\, dx = \int \cos(4^n x) dx = \frac{1}{4^n}\sin(4^n x) + c$

[문제150] α, β 는 x 의 이차방정식 $x^2 + (t^2)x - 2t = 0, (t > 0)$ 의 근일 때, 정적분 $\displaystyle\int_{-1}^{2}\left(x + \dfrac{1}{\alpha^2}\right)\left(x + \dfrac{1}{\beta^2}\right) + \dfrac{1}{\alpha\beta}\, dx$ 의 최솟값을 구하시오.

풀이

$\alpha + \beta = -t^2,\ \alpha\beta = -2t \Rightarrow \dfrac{\alpha^2 + \beta^2}{(\alpha\beta)^2} = \dfrac{t^2}{4} + \dfrac{1}{t},\ \dfrac{1}{(\alpha\beta)^2} + \dfrac{1}{\alpha\beta}$

$= \dfrac{1}{4t^2} - \dfrac{1}{2t} \cdots\cdots (1)$

$\displaystyle\int_{-1}^{2}\left(x + \dfrac{1}{\alpha^2}\right)\left(x + \dfrac{1}{\beta^2}\right) + \dfrac{1}{\alpha\beta}\, dx$

$\xLeftrightarrow{(1)} = \displaystyle\int_{-1}^{2} x^2 + \left(\dfrac{t^2}{4} + \dfrac{1}{t}\right)x + \left(\dfrac{1}{4t^2} - \dfrac{1}{2t}\right)dx = \dfrac{3}{8}t^2 + \dfrac{3}{4t^2} + 3$

$\xleftrightarrow{\text{산술, 기하}} \geq 2\sqrt{\dfrac{3}{8}t^2\left(\dfrac{3}{4t^2}\right)} + 3 = 3 + \dfrac{3\sqrt{2}}{4} \Rightarrow \therefore \min = 3 + \dfrac{3\sqrt{2}}{4}$

[문제151] 부정적분 $\displaystyle\int \frac{dx}{1+4\tan x}$ 의 값을 구하시오.

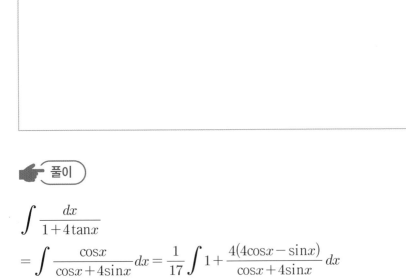

풀이

$$\int \frac{dx}{1+4\tan x}$$
$$= \int \frac{\cos x}{\cos x + 4\sin x}dx = \frac{1}{17}\int 1 + \frac{4(4\cos x - \sin x)}{\cos x + 4\sin x}\,dx$$
$$= \frac{1}{17}(x + 4\ln(\cos x + 4\sin x)) + c$$

[문제152] 부정적분 $\displaystyle\int \frac{1}{x^7 - x}\, dx$ 의 값을 구하시오.

 풀이

$$\int \frac{1}{x^7 - x}\, dx = \frac{1}{6} \int \frac{6x^5\, dx}{x^6(x^6 - 1)} = \frac{1}{6} \int \frac{d(x^6)}{x^6(x^6 - 1)}$$

$$= \frac{1}{6} \int \frac{1}{x^6 - 1} - \frac{1}{x^6}\, d(x^6)$$

$$= \frac{1}{6} \left(\ln(x^6 - 1) - \ln x^6 \right) + c = \frac{1}{6} \ln \left| \frac{x^6 - 1}{x^6} \right| + c$$

[문제153] 부정적분 $\displaystyle\int \sqrt[4]{\sec^3 x \csc^5 x}\, dx$ 의 값을 구하시오.

 풀이

$$\int \sqrt[4]{\sec^3 x \csc^5 x}\, dx = \int \frac{\sqrt[4]{\sin^3 x}}{\sin^2 x \sqrt[4]{\cos^3 x}}\, dx = \int \sqrt[4]{\tan^3 x}\, \csc^2 x\, dx$$

$$= -\int \cot^{-\frac{3}{4}} x\, d(\cot x) = -4\sqrt[4]{\cot x} + c$$

[문제154] 부정적분 $\displaystyle\int \frac{(1+x^2)(2+x^2)}{(x\cos x+\sin x)^4}\,dx$ 의 값을 구하시오.

👉 풀이

$$\int \frac{(1+x^2)(2+x^2)}{(x\cos x+\sin x)^4}\,dx$$

$$\xrightarrow{x=\tan\alpha} = \int \frac{\sec^2\alpha\,(1+\sec^2\alpha)}{\sec^4\alpha\,\sin^4(\alpha+x)}\sec^2\alpha\,d\alpha = \int \frac{1+\sec^2\alpha}{\sin^4(\alpha+\tan\alpha)}\,d\alpha$$

$$\xrightarrow{\alpha+\tan\alpha=u} = \int \csc^4 u\,du = -\int \left(1+\cot^2 u\right)d(\cot u)$$

$$= -\cot u - \frac{\cot^3 u}{3} + c$$

$$= -\frac{1}{3}\left(\frac{1-x\tan x}{x+\tan x}\right)^3 - \frac{1-x\tan x}{x+\tan x} + c$$

[문제155] 부정적분 $\displaystyle\int \frac{1}{\left(1-x^4\right)\sqrt{1+x^2}}\,dx$ 의 값을 구하시오.

👉 풀이

$$\int \frac{1}{\left(1-x^4\right)\sqrt{1+x^2}}\,dx \xleftarrow{\ x=\tan\theta\ } = \int \frac{\sec^2\theta\,d\theta}{(1-\tan^2\theta)\sec^3\theta}$$

$$= \int \frac{\cos\theta\,d\theta}{1-\tan^2\theta} \xleftarrow{\ \sin\theta=u\ }$$

$$= \int \frac{du}{1-\dfrac{u^2}{1-u^2}} = \int \frac{1-u^2}{1-2u^2}\,du = \frac{1}{2}\int 1+\frac{1}{1-\left(\sqrt{2}\,u\right)^2}\,du$$

$$= \frac{u}{2}+\frac{1}{4\sqrt{2}}\ln\left|\frac{1+\sqrt{2}\,u}{1-\sqrt{2}\,u}\right|+c$$

$$= \frac{x}{2\sqrt{1+x^2}}+\frac{1}{4\sqrt{2}}\ln\left|\frac{\sqrt{2}\,x+\sqrt{1+x^2}}{\sqrt{2}\,x-\sqrt{1+x^2}}\right|+c$$

[문제156] 부정적분 $\displaystyle\int x\csc^4 x\,dx$ 의 값을 구하시오.

👉 풀이

$$\int \cot^3 x\,dx = \int \frac{1-\sin^2 x}{\sin^3 x}\,d(\sin x) = -\frac{\csc^2 x}{2} - \ln|\sin x| + c \cdots\cdots (1)$$

$$\therefore \int x\csc^4 x\,dx$$

$$= -\int x\left(1+\cot^2 x\right)(\cot x)'\,dx = -\int x\left(\frac{\cot^3 x}{3}+\cot x\right)'\,dx$$

$$\xleftrightarrow{\text{부분적분}}$$

$$= -x\left(\frac{\cot^3 x}{3}+\cot x\right) + \int \frac{1}{3}\cot^3 x + \cot x\,dx$$

$$\xleftrightarrow{(1)} = \frac{2}{3}\ln|\sin x| - \frac{\csc^2 x}{6} - x\left(\frac{\cot^3 x}{3}+\cot x\right) + c$$

[문제157] 부정적분 $\displaystyle\int \dfrac{x - \sqrt{x^2 + 3x + 2}}{x + \sqrt{x^2 + 3x + 2}}\, dx$ 의 값을 구하시오.

👉 **풀이**

$\sqrt{x^2 + 3x + 2} = t(x+1) \Rightarrow x = \dfrac{2 - t^2}{t^2 - 1}$, $dx = \dfrac{-2t\,dt}{\left(t^2 - 1\right)^2}$ 을 조건식에

대입한다.

$\displaystyle\int \dfrac{x - \sqrt{x^2 + 3x + 2}}{x + \sqrt{x^2 + 3x + 2}}\, dx$

$= -2 \displaystyle\int \dfrac{t(t+2)(t-1)}{(t-2)(t+1)\left(t^2 - 1\right)^2}\, dt = -2 \displaystyle\int \dfrac{t^2 + 2t}{(t-1)(t-2)(t+1)^3}\, dt$

$= \dfrac{3}{4} \ln|t-1| - \dfrac{16}{27} \ln|t-2| - \dfrac{7}{108} \ln|t+1| - \dfrac{1}{6(t+1)^2}$

$- \dfrac{5}{18(t+1)} + c,\ \left(t = \dfrac{\sqrt{x^2 + 3x + 2}}{x+1} \right)$ 을 대입하면 된다.

[문제158] 부정적분 $\displaystyle\int \frac{x^2-1}{x^4+x^3+x^2+x+1}\,dx$ 의 값을 구하시오.

 풀이

$$\frac{x^2-1}{x^4+x^3+x^2+x+1} = \frac{4(x^2-1)}{\left(2x^2-(\sqrt{5}-1)x+2\right)\left(2x^2+(\sqrt{5}+1)x+2\right)}$$

$$= \frac{4x-\sqrt{5}+1}{\sqrt{5}\left(2x^2-(\sqrt{5}-1)x+2\right)} - \frac{4x+\sqrt{5}+1}{\sqrt{5}\left(2x^2+(\sqrt{5}+1)x+2\right)} \xrightarrow{\text{적분}}$$

$$\therefore \int \frac{x^2-1}{x^4+x^3+x^2+x+1}\,dx = \frac{1}{\sqrt{5}}\ln\left|\frac{2x^2-(\sqrt{5}-1)x+2}{2x^2+(\sqrt{5}+1)x+2}\right|+c$$

[문제159] 부정적분 $\displaystyle\int \frac{\sin x - \cos x - x(\sin x + \cos x) + 1}{x^2 - x(\sin x + \cos x) + \sin x \cos x}\, dx$ 의 값을 구하시오.

👉 풀이

$$\frac{\sin x - \cos x - x(\sin x + \cos x) + 1}{x^2 - x(\sin x + \cos x) + \sin x \cos x}$$

$$= \frac{\cos x(\cos x - 1) + \sin x(\sin x + 1) - x(\sin x + \cos x)}{(\sin x - x)(\cos x - x)}$$

$$= \frac{\cos x(\cos x - 1 - x) + x + \sin x(\sin x + 1 - x) - x}{(\sin x - x)(\cos x - x)}$$

$$= \frac{(\cos x - 1)(\cos x - x) + (\sin x - x)(\sin x + 1)}{(\sin x - x)(\cos x - x)}$$

$$= \frac{\cos x - 1}{\sin x - x} + \frac{\sin x + 1}{\cos x - x} \xrightarrow{\text{적분}}$$

$$\therefore \int \frac{\sin x - \cos x - x(\sin x + \cos x) + 1}{x^2 - x(\sin x + \cos x) + \sin x \cos x}\, dx = \ln\left|\frac{\sin x - x}{\cos x - x}\right| + c$$

[문제160] $\begin{cases} f(x) = f(a-x) \\ g(x) + g(a-x) = 4 \end{cases}$ 일 때,

$2\displaystyle\int_0^a f(x)dx = \int_0^a f(x)g(x)dx$ 임을 증명하시오.

증명

$$\int_a^b f(x)dx = \int_a^b f(a+b-x)dx \cdots\cdots (1)$$

$$I = \int_0^a f(x)g(x)dx \xleftrightarrow{(1)} = \int_0^a f(a-x)g(a-x)dx$$

$$\xleftrightarrow{\text{조건식}} = \int_0^a f(x)g(a-x)dx \xrightarrow{\text{더하면}}$$

$$2I = \int_0^a f(x)[g(x)+g(a-x)]dx \xleftrightarrow{\text{조건식}} = 4\int_0^a f(x)dx$$

$$\therefore 2\int_0^a f(x)dx = \int_0^a f(x)g(x)dx$$

[문제161] $f(x)$는 아래로 볼록인 연속함수일 때, 다음 부등식을 증명하시오. $\dfrac{4}{5}\displaystyle\int_0^{\frac{1}{4}} f(x)dx \leq \dfrac{3}{4}\displaystyle\int_0^{\frac{1}{5}} f(x)dx + \dfrac{1}{8}\displaystyle\int_0^{\frac{2}{5}} f(x)dx$

> **증명**

[정리1]에 의해 $\dfrac{3}{4}f\left(\dfrac{s}{5}\right) + \dfrac{1}{4}f\left(\dfrac{2s}{5}\right) \geq f\left(\dfrac{3s}{20} + \dfrac{2s}{20}\right) = f\left(\dfrac{s}{4}\right)$이 성립한다.

$\Rightarrow \dfrac{3}{4}\displaystyle\int_0^1 f\left(\dfrac{s}{5}\right)ds + \dfrac{1}{4}\displaystyle\int_0^1 f\left(\dfrac{2s}{5}\right)ds \geq \displaystyle\int_0^1 f\left(\dfrac{s}{4}\right)ds$

$\underrightarrow{\quad \dfrac{s}{5}=t,\ \dfrac{2s}{5}=x,\ \dfrac{s}{4}=y \quad}$

$\Rightarrow \dfrac{3}{4}\displaystyle\int_0^{\frac{1}{5}} 5f(t)dt + \dfrac{1}{4}\displaystyle\int_0^{\frac{2}{5}} \dfrac{5}{2}f(x)dx \geq \displaystyle\int_0^{\frac{1}{4}} 4f(y)dy$

$\therefore \dfrac{4}{5}\displaystyle\int_0^{\frac{1}{4}} f(x)dx \leq \dfrac{3}{4}\displaystyle\int_0^{\frac{1}{5}} f(x)dx + \dfrac{1}{8}\displaystyle\int_0^{\frac{2}{5}} f(x)dx$

[문제162] $f(0) = f(\pi) = 0$ 일 때, 정적분

$\displaystyle\int_0^{\frac{\pi}{2}} (f(2x) + f''(2x)) \sin x \cos x \, dx$ 의 값을 구하시오.

풀이

$\therefore \displaystyle\int_0^{\frac{\pi}{2}} (f(2x) + f''(2x)) \sin x \cos x \, dx$

$\xleftrightarrow{2x = t} = \dfrac{1}{4} \displaystyle\int_0^{\pi} (f(t) + f''(t)) \sin t \, dt$

$= \dfrac{1}{4} \displaystyle\int_0^{\pi} (-f(t) \cos t)' + (f'(t) \sin t)' \, dt$

$= \dfrac{1}{4} \left[-f(t) \cos t + f'(t) \sin t \right]_0^{\pi} = 0$

[문제163] $0 = f(0), f'(x) > 0$ 일 때,

부등식 $\displaystyle\int_0^1 2|f(x)|^2 dx \leq \int_0^1 |f'(x)|^2 dx$ 이 성립함을 증명하시오.

$$0 \leq \int_a^b (f(x) + \lambda g(x))^2 \, dx = \lambda^2 \left(\int_a^b g(x)^2 dx \right) + 2\lambda \left(\int_a^b f(x)g(x)dx \right)$$

$$+ \left(\int_a^b f(x)^2 dx \right)$$

$$\xrightarrow[\dfrac{D}{4} \leq 0]{\text{이차부등식}} \left(\int_a^b f(x)g(x)dx \right)^2 \leq \left(\int_a^b f(x)^2 \, dx \right) \left(\int_a^b g(x)^2 dx \right)$$

$$\cdots\cdots (1)$$

$$\therefore 2\int_0^1 |f(x)|^2 dx = 2\int_0^1 \left| \int_0^x f'(y)dy \right|^2 dx \xleftrightarrow{(1)}$$

$$\leq 2\int_0^1 \left(\int_0^x 1^2 dy \right) \left(\int_0^x |f'(y)|^2 dy \right) dx$$

$$= 2\int_0^1 x \left(\int_0^x |f'(y)|^2 dy \right) dx$$

$$\xleftarrow{\text{증가함수}} \leq 2\int_0^1 x \left(\int_0^1 |f'(y)|^2 dy \right) dx = 2 \left[\frac{x^2}{2} \right]_0^1 \left(\int_0^1 |f'(y)|^2 dy \right)$$

$$= \int_0^1 |f'(x)|^2 dx$$

[문제164] $f(x)^2 = 1 + g(x)^2$, $f(0) = 2, f(1) = 3$ 일 때, 정적분

$$\int_0^1 \frac{f(x)g'(x) - f'(x)g(x)}{f(x)^2 g(x)} dx$$ 의 값을 구하시오.

👈 풀이

조건식을 미분하면, $\dfrac{g'(x)}{f(x)} = \dfrac{f'(x)}{g(x)}$ ·········(1)

$$\int \frac{dx}{x^2 - 1} = \frac{1}{2} \int \frac{1}{x-1} - \frac{1}{x+1} dx = \frac{1}{2} \ln \left| \frac{x-1}{x+1} \right| + c ·········(2)$$

$$\therefore \int_0^1 \frac{f(x)g'(x) - f'(x)g(x)}{f(x)^2 g(x)} dx$$

$$= \int_0^1 \left(\frac{g(x)}{f(x)} \right)' \frac{1}{g(x)} dx = \left[\frac{1}{f(x)} \right]_0^1 + \int_0^1 \frac{g'(x)dx}{f(x)g(x)} \xleftrightarrow[\ (1)\ ]{조건}$$

$$= -\frac{1}{6} + \int_0^1 \frac{f'(x)\,dx}{f(x)^2 - 1}$$

$$\xleftrightarrow{(2)} = -\frac{1}{6} + \frac{1}{2} \left[\ln \left| \frac{f(x)-1}{f(x)+1} \right| \right]_0^1 = \frac{1}{2} \ln \left(\frac{3}{4} \right) - \frac{1}{6}$$

[문제165] $M(a) = \max\left\{\displaystyle\int_0^\pi \sin(x-t)\sin(2t-a)dt\right\},\ a \in R$ 일 때,

정적분 $\displaystyle\int_0^{\frac{\pi}{2}} M(a)\sin 2a\,da$ 의 값을 구하시오.

👉 **풀이**

$$\int_0^\pi \sin(x-t)\sin(2t-a)dt = \frac{1}{2}\int_0^\pi \cos(x+a-3t) - \cos(x-a+t)dt$$

$$= \frac{1}{2}\left[-\frac{\sin(x+a-3t)}{3} - \sin(x-a+t)\right]_0^\pi = \frac{1}{3}\sin(x+a) + \sin(x-a)$$

$$= \frac{4}{3}\sin x \cos a - \frac{2}{3}\cos x \sin a$$

$\xleftarrow{\text{[수학논술(1), 정리1]}} \leq \sqrt{\left(\dfrac{16}{9}\cos^2 a + \dfrac{4}{9}\sin^2 a\right)}$

$$= \frac{2}{3}\sqrt{3\cos^2 a + 1} \quad \Rightarrow M(a) = \frac{2}{3}\sqrt{1 + 3\cos^2 a}$$

$$\therefore \int_0^{\frac{\pi}{2}} M(a)\sin 2a\,da = \frac{2}{3}\int_0^{\frac{\pi}{2}} \sin(2a)\sqrt{1+3\cos^2 a}\,da$$

$\xleftarrow{1+3\cos^2 a = t} = \dfrac{4}{9}\displaystyle\int_1^2 t^2\,dt = \dfrac{28}{27}$

[문제166] 두 연속 $f, g : [0,1] \rightarrow [0,1]$ 이고, $f(x)$는 증가함수일 때,

부등식 $\displaystyle\int_0^1 f(g(x))dx \leq \int_0^1 f(x) + g(x)\,dx$ 이 성립함을 증명하시오.

증명

(1) 아래 그림에서 $f(x)(1-x) \leq \displaystyle\int_0^1 f(x)\,dx$ 이 성립한다.

$$\xrightarrow{\quad x \sim g(x) \quad} f(g(x))(1-g(x)) \leq \int_0^1 f(x)\,dx$$

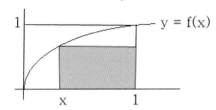

(2) $x < 1 \Rightarrow f(x) < f(1) = 1 \Rightarrow xf(x) < x \Rightarrow f(x) - x < f(x) - xf(x)$
$= f(x)(1-x)$

$\Rightarrow f(g(x)) - g(x) < f(g(x))(1-g(x)) \xrightarrow{\ (1)\ } \leq \displaystyle\int_0^1 f(x)\,dx$

$= \displaystyle\int_0^1 f(t)\,dt \xrightarrow{\ 적분\ }$

$$\int_0^1 f(g(x)) - g(x)\,dx \leq \int_0^1 \int_0^1 f(t)\,dt\,dx = \int_0^1 f(t)\,dt \int_0^1 dx$$

$= \displaystyle\int_0^1 f(x)\,dx \Rightarrow$

$\therefore \displaystyle\int_0^1 f(g(x))\,dx \leq \int_0^1 f(x)\,dx + \int_0^1 g(x)\,dx = \int_0^1 f(x) + g(x)\,dx$

[문제167] 각각 $f(x), f'(x), f''(x) > 0$ 이면,

$$\int_0^1 f(x)^2\, dx < \frac{1}{2n} \sum_{i=1}^{n} \left(f\left(\frac{i-1}{n} \right)^2 + f\left(\frac{i}{n} \right)^2 \right)$$ 의 부등식이 성립함을

증명하시오.

(1) $g(x) = f(x)^2$ 라고 하자. 그러면 조건식에 의해 다음이 성립한다.

$$g'(x) = 2f(x)f'(x), g''(x) = 2f'(x)^2 + 2f(x)f''(x) > 0$$

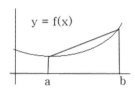

(2)

$$\int_a^b f(x)dx < (b-a)\left(\frac{f(a)+f(b)}{2}\right)$$

$$\Rightarrow \int_a^b g(x)dx < (b-a)\left(\frac{g(a)+g(b)}{2}\right)$$

$$\xrightarrow[\substack{a=\frac{k-1}{n}}]{(1),\, b=\frac{k}{n}}$$

$$\Rightarrow \int_{\frac{k-1}{n}}^{\frac{k}{n}} f(x)^2 \, dx < \frac{1}{2n}\left(f\left(\frac{k}{n}\right)^2 + f\left(\frac{k-1}{n}\right)^2\right) \xrightarrow[\substack{k=1}]{양변에 \sum^n}$$

$$\therefore \frac{1}{2n}\sum_{k=1}^n \left(f\left(\frac{k}{n}\right)^2 + f\left(\frac{k-1}{n}\right)^2\right) > \sum_{k=1}^n \int_{\frac{k-1}{n}}^{\frac{k}{n}} f(x)^2 \, dx = \int_0^1 f(x)^2 \, dx$$

[문제168] 부등식 $\left(\displaystyle\int_a^b f(x)\sin x\,dx\right)^2 + \left(\displaystyle\int_a^b f(x)\cos x\,dx\right)^2$

$\leq (b-a)\displaystyle\int_a^b f(x)^2\,dx$ 이 성립함을 증명하시오.

증 명

$\left(\displaystyle\int_a^b f(x)\sin x\,dx\right)^2 + \left(\displaystyle\int_a^b f(x)\cos x\,dx\right)^2 \xrightarrow{\ [\text{문제}20]\ } \leq$

$\left(\displaystyle\int_a^b f(x)^2\,dx\right)\left(\displaystyle\int_a^b \sin^2 x\,dx\right)$

$+\left(\displaystyle\int_a^b f(x)^2\,dx\right)\left(\displaystyle\int_a^b \cos^2 x\,dx\right) = \left(\displaystyle\int_a^b f(x)^2\,dx\right)(b-a)$

[**문제169**] $f(a) = f(b) = 0$, $\displaystyle\int_0^1 f(x)^2\,dx = 1$ 일 때, 다음 부등식이

성립함을 증명하시오. $\dfrac{1}{4} \le \left(\displaystyle\int_a^b f'(x)^2\,dx\right)\!\left(\displaystyle\int_a^b x^2 f(x)^2\,dx\right)$

증명

$$\int_a^b x f(x) f'(x)\,dx = \frac{1}{2}\int_a^b x\left(f(x)^2\right)'\,dx = \frac{1}{2}\left[x f(x)^2\right]_a^b - \frac{1}{2}\int_a^b f(x)^2\,dx$$

$$\xleftrightarrow{\;\text{조건식}\;} = -\frac{1}{2} \;\cdots\cdots\cdots (1)$$

$$\therefore \left(\int_a^b f'(x)^2\,dx\right)\!\left(\int_a^b x^2 f(x)^2\,dx\right) \xrightarrow{\;[\text{문제}20]\;} \ge \left(\int_a^b x f(x) f'(x)\,dx\right)^2 \xleftrightarrow{\;(1)\;}$$

$$= \left(-\frac{1}{2}\right)^2 = \frac{1}{4}$$

[문제170] 구간 $[a, b]$에서 $f(x), g(x)$는 증가함수일 때, 다음 부등식을 증명하시오. $\left(\int_a^b f(x)dx\right)\left(\int_a^b g(x)dx\right) \leq (b-a)\int_a^b f(x)g(x)\,dx$

(1) $x \geq y \xrightarrow{\text{조건식}} f(x) \geq f(y),\ g(x) \geq g(y)$

$\Rightarrow (f(x) - f(y))(g(x) - g(y)) \geq 0$

(2) $\displaystyle\int_a^b \int_a^b f(x)g(x) - f(x)g(y)\,dxdy = (b-a)\int_a^b f(x)g(x)dx$

$-\left(\displaystyle\int_a^b f(x)dx\right)\left(\int_a^b g(y)dy\right)$

$= (b-a)\displaystyle\int_a^b f(x)g(x)dx - \left(\int_a^b f(x)dx\right)\left(\int_a^b g(x)dx\right)$

(3) $\displaystyle\int_a^b \int_a^b f(y)g(y) - f(y)g(x)\,dxdy = (b-a)\int_a^b f(y)g(y)dy$

$-\left(\displaystyle\int_a^b f(y)dy\right)\left(\int_a^b g(x)dx\right)$

$= (b-a)\displaystyle\int_a^b f(x)g(x)dx - \left(\int_a^b f(x)dx\right)\left(\int_a^b g(x)dx\right) \xrightarrow{\ (2)+(3)\ }$

$\therefore (b-a)\displaystyle\int_a^b f(x)g(x)dx - \left(\int_a^b f(x)dx\right)\left(\int_a^b g(x)dx\right)$

$= \dfrac{1}{2}\displaystyle\int_a^b \int_a^b f(x)g(x) - f(x)g(y) + f(y)g(y) - f(y)g(x)\,dxdy$

$= \dfrac{1}{2}\displaystyle\int_a^b \int_a^b (f(x)-f(y))(g(x)-g(y))\,dxdy \xrightarrow{\ (1)\ } \geq 0$ 증명됨

[문제171] $f(0) = 0, 0 < f'(x) \leq 1$ 일 때,

부등식 $\displaystyle\int_0^1 f(x)^3\,dx \leq \left(\int_0^1 f(x)\,dx\right)^2$ 이 성립함을 증명하시오.

증명

$$F(t) = \left(\int_0^t f(x)\,dx\right)^2 - \int_0^t f(x)^3\,dx \ , \ G(t) = 2\int_0^t f(x)\,dx - f(t)^2$$

라고 하자.

(1) $G'(t) = 2f(t)(1 - f'(t)) \xrightarrow{\text{조건식}} \geq 0 \Rightarrow G(t):$ 구간 $[0,1]$ 에서

증가함수이다.

한편,

$$F'(t) = f(t)\left[2\int_0^t f(x)\,dx - f(t)^2\right] = f(t)G(t) \xrightarrow{(1)} \geq 0$$

$\Rightarrow F(t):$ 구간 $[0,1]$ 에서 증가함수이다.

$\therefore F(1) \geq 0 \Rightarrow \displaystyle\int_0^1 f(x)^3\,dx \leq \left(\int_0^1 f(x)\,dx\right)^2$

[문제172] $f(x) \in R^+$ 일 때, 다음 부등식이 성립함을 증명하시오.

$$\left(\int_a^b x^3 f(x) dx\right)\left(\int_a^b x f(x) dx\right) \leq \left(\int_a^b x^4 f(x) dx\right)\left(\int_a^b f(x) dx\right)$$

증명

$$\left(\int_a^b x^3 f(x) dx \int_a^b x f(x) dx\right)^2 = \left(\int_a^b x^2 \sqrt{f(x)}\, x \sqrt{f(x)}\, dx\right)^2 \times$$

$$\left(\int_a^b \sqrt{f(x)}\, x \sqrt{f(x)}\, dx\right)^2 \xrightarrow{\text{[문제20]}}$$

$$\leq \int_a^b x^4 f(x) dx \int_a^b x^2 f(x) dx \int_a^b f(x) dx \int_a^b x^2 f(x) dx$$

$$= \int_a^b f(x) \int_a^b x^4 f(x) dx \left(\int_a^b x^2 f(x) dx\right)^2 \xrightarrow{\text{[문제20]}}$$

$$\leq \int_a^b f(x) dx \int_a^b x^4 f(x) dx \int_a^b x^4 f(x) dx \int_a^b f(x) dx$$

$$= \left(\int_a^b x^4 f(x) dx \int_a^b f(x) dx\right)^2$$

$$\therefore \int_a^b x^3 f(x) dx \int_a^b x f(x) dx \leq \int_a^b x^4 f(x) dx \int_a^b f(x) dx$$

[문제173]

$f(x) + f(x+u) = 0, (u > 0), g(x) = \displaystyle\int_0^x f(t)dt - \frac{1}{2}\int_0^u f(t)dt$ 일 때,

함수 $g(x) + g(x+u)$ 을 간단히 계산하시오.

👉 풀이

$g(x+u) = \displaystyle\int_0^{x+u} f(t)dt - \frac{1}{2}\int_0^u f(t)dt$

$= \displaystyle\int_0^{x+u} -f(t+u)dt - \frac{1}{2}\int_0^u f(t)dt$

$\overset{s=t+u}{\longleftrightarrow} = -\displaystyle\int_u^{x+2u} f(s)ds - \frac{1}{2}\int_0^u f(t)dt$

$= \displaystyle\int_0^u f(t)dt - \frac{1}{2}\int_0^u f(t)dt - \int_0^{x+2u} f(t)dt$

$= -\left(\displaystyle\int_0^{x+2u} f(t)dt - \frac{1}{2}\int_0^u f(t)dt\right) = -g(x+2u)$

$\Rightarrow g(x+u) + g(x+2u) = 0 \cdots\cdots (1)$

$\therefore g(x) + g(x+u)$

$= g(x-u+u) + g(x+u) \overset{(1)}{\longleftrightarrow} = -g(x-u+2u) + g(x+u) = 0$

[문제174] 정적분 $\displaystyle\int_0^{\frac{\pi}{6}} \left(\frac{\sin x + \cos x}{1 - \sin 2x} \right) \ln(2 + \sin 2x)\, dx$ 의 값을 구하시오.

👉 **풀이**

$\displaystyle \text{준 식} = \int_0^{\frac{\pi}{6}} \frac{\sin x + \cos x}{(\sin x - \cos x)^2} \ln(2 + \sin 2x)\, dx \xleftarrow[\sin 2x = 1 - t^2]{\sin x - \cos x = t}$

$\displaystyle = \int_{-1}^{\frac{1-\sqrt{3}}{2}} \frac{\ln(3 - t^2)}{t^2}\, dt \xleftarrow[g'(t) = t^{-2}]{f(t) = \ln(3 - t^2)}$

$\displaystyle = \left[\frac{-\ln(3 - t^2)}{t} \right]_{-1}^{\frac{1-\sqrt{3}}{2}} - \int_{-1}^{\frac{1-\sqrt{3}}{2}} \frac{2}{3 - t^2}\, dt$

$\displaystyle = \frac{2}{\sqrt{3} - 1} \ln\left(1 + \frac{\sqrt{3}}{4}\right) - \frac{1}{\sqrt{3}} \ln\left(\frac{2 + \sqrt{3}}{5 - \sqrt{3}}\right)$

[문제175] $f(n) = \displaystyle\int \frac{x^n}{e^x} dx$, $f(1)|_{x=-1} = 0$, $f(2)|_{x=-1\pm i} = 0$ 일 때,

정적분 $\displaystyle\int_{-1}^{\sqrt{3}-1} e^{\left(\int_{-1}^{x} \frac{f(1)}{f(2)} dx\right)} dx$의 값을 구하시오.

$$f(1) = \int xe^{-x}\,dx = -e^{-x}(x+1)+c_1 \xrightarrow{\text{조건}} c_1 = 0,$$

$$f(1) = -e^{-x}(x+1)$$

$$f(2) = \int x^2 e^{-x}\,dx = -e^{-x}(x^2+2x+2)+c_2 \xrightarrow{\text{조건}} c_2 = 0,$$

$$f(2) = -e^{-x}(x^2+2x+2)$$

$$\Rightarrow \int_{-1}^{x} \frac{f(1)}{f(2)}\,dx =$$

$$\int_{-1}^{x} \frac{x+1}{x^2+2x+2}\,dx = \frac{1}{2}\int_{-1}^{x} \frac{(2x+2)dx}{x^2+2x+2} = \ln\sqrt{x^2+2x+2}\cdots (1)$$

$$\therefore \text{준 식} \xleftrightarrow{(1)} \int_{-1}^{\sqrt{3}-1} \sqrt{(x+1)^2+1}\,dx$$

$$= \left[\frac{(x+1)\sqrt{x^2+2x+2}}{2} + \frac{\ln\left|(x+1)+\sqrt{x^2+2x+2}\right|}{2} \right]_{-1}^{\sqrt{3}-1}$$

$$= \sqrt{3} + \frac{\ln(2+\sqrt{3})}{2}$$

[문제176] 정적분 $\displaystyle\int_0^{\frac{\pi}{2}} \cos x \ln\left(1 + \sqrt[3]{\sin x}\right) dx$ 의 값을 구하시오.

👉 풀이

$$\text{준 식} = \int_0^{\frac{\pi}{2}} \ln\left(1 + \sqrt[3]{\sin x}\right) d(\sin x) \xleftrightarrow[\ \ du = \dfrac{d(\sin x)}{3\sqrt[3]{\sin^2 x}}\ \ ]{1 + \sqrt[3]{\sin x} = u}$$

$$= 3 \int_1^2 (u-1)^2 \ln u \, du$$

$$\xleftrightarrow{\text{부분적분}} = 2\ln 2 - \frac{5}{6}$$

[문제177] $f(x) = f(x+\pi)$ 일 때,

정적분 $\displaystyle\int_{-\infty}^{\infty} f(x)\frac{\tan x}{x}dx = \int_{-\frac{\pi}{2}}^{\frac{\pi}{2}} f(x)dx$ 이 성립함을 증명하시오.

증명

$$\sin x = x(x-\pi)(x+\pi)(x-2\pi)(x+2\pi)\cdots \xrightarrow{\text{미분}}$$

$$\cos x = (x-\pi)(x+\pi)\cdots + x(x+\pi)\cdots + \cdots$$

$$\xrightarrow{\text{나누면}} \cot x = \frac{1}{x} + \frac{1}{x-\pi} + \cdots = \sum_{k \in Z} \frac{1}{x+k\pi} \cdots (1)$$

$$\therefore \int_{-\infty}^{\infty} f(x)\frac{\tan x}{x}dx = \sum_{k \in Z} \int_{\left(k-\frac{1}{2}\right)\pi}^{\left(k+\frac{1}{2}\right)\pi} f(x)\frac{\tan x}{x}dx$$

$$\xleftarrow[\text{조건식}]{x = t+k\pi} = \sum_{k \in Z} \int_{-\frac{\pi}{2}}^{\frac{\pi}{2}} f(t)\frac{\tan t}{t+k\pi}dt$$

$$= \int_{-\frac{\pi}{2}}^{\frac{\pi}{2}} f(x)\left(\sum_{k \in Z} \frac{1}{x+k\pi}\right)\tan x\, dx \xrightarrow{(1)} = \int_{-\frac{\pi}{2}}^{\frac{\pi}{2}} f(x)\, dx$$

[문제178] $f(x) = f(x+\pi)$ 일 때, 정적분

$\int_{-\infty}^{\infty} f(x) \dfrac{\sin x}{x} dx = \int_{0}^{\pi} f(x) dx$ 이 성립함을 증명하시오.

$$\cos\frac{x}{2} = (x-\pi)(x+\pi)(x-3\pi)(x+3\pi)\cdots \xrightarrow{\text{미분}}$$

$$-\frac{1}{2}\sin\frac{x}{2} = (x+\pi)(x-3\pi)\cdots + (x-\pi)(x-3\pi)\cdots + \cdots \xrightarrow{\text{나누면}}$$

$$-\frac{1}{2}\tan\frac{x}{2} = \frac{1}{x-\pi} + \frac{1}{x+\pi} + \cdots,$$

$$\cot x = \frac{1}{x} + \frac{1}{x-\pi} + \cdots = \sum_{k\in Z}\frac{1}{x+k\pi}, \ (\because \text{문제}177)$$

$$\Rightarrow \csc x = \cot x + \tan\frac{x}{2} = \frac{1}{x} - \frac{1}{x-\pi} - \frac{1}{x+\pi} + \frac{1}{x-2\pi} + \frac{1}{x+2\pi} - \cdots$$

$$= \sum_{k\in Z}\frac{(-1)^k}{x+k\pi}\cdots(1)$$

$$\therefore \int_{-\infty}^{\infty} f(x)\frac{\sin x}{x}dx = \sum_{k\in Z}\int_{k\pi}^{(k+1)\pi} f(x)\frac{\sin x}{x}dx \xleftarrow{\substack{x=t+k\pi \\ \text{조건식}}}$$

$$= \sum_{k\in Z}\int_0^\pi f(t)\frac{\sin(t+k\pi)}{t+k\pi}dt$$

$$= \int_0^\pi f(x)\left(\sum_{k\in Z}\frac{(-1)^k}{x+k\pi}\right)\sin x\,dx \xleftarrow{(1)} = \int_0^\pi f(x)\,dx$$

[문제179] $a, b \in R$, $\displaystyle\int_0^3 (ax-b)^2 dx \leq 3$ 일 때, 정적분

$\displaystyle\int_0^3 (x-3)(ax-b)dx$ 의 최솟값을 구하시오.

 풀이

$$\int_0^3 (3-x)(ax-b)dx \xleftarrow{\text{[문제20]}}$$

$$\leq \sqrt{\left(\int_0^3 (3-x)^2 dx\right)\left(\int_0^3 (ax-b)^2 dx\right)} \xleftarrow{\text{조건식}}$$

$$\leq \sqrt{9}\sqrt{3} = 3\sqrt{3} \Rightarrow \therefore \int_0^3 (x-3)(ax-b)dx \geq -3\sqrt{3}$$

$$\Rightarrow \min = -3\sqrt{3}$$

[문제180] $f(x) = \dfrac{2}{\sqrt{\pi}} \displaystyle\int_x^\infty e^{-t^2} dt$ 일 때, 이상적분 $\displaystyle\int_0^\infty f(x)dx$ 의

값을 구하시오.

 풀이

조건식을 미분하면, $f'(x) = -\dfrac{2}{\sqrt{\pi}} e^{-x^2} \cdots\cdots (1)$

$\therefore$ 준 식 $= \left[xf(x) \right]_0^\infty - \displaystyle\int_0^\infty xf'(x)dx \overset{(1)}{\Longleftrightarrow} = \dfrac{2}{\sqrt{\pi}} \int_0^\infty xe^{-x^2} dx$

$= \left[-\dfrac{1}{\sqrt{\pi}} e^{-x^2} \right]_0^\infty = \dfrac{1}{\sqrt{\pi}}$

[문제181] $f(x) - 2f\left(\dfrac{x}{2}\right) + f\left(\dfrac{x}{4}\right) = x^2$, $f(0) = 0$ 일 때, 정적분

$\displaystyle\int_0^1 f(x)dx$ 의 값을 구하시오.

풀이

(1) 조건식에서 다음 식을 만들 수 있다.

$$f(x) - f\left(\frac{x}{2}\right) - \left[f\left(\frac{x}{2}\right) - f\left(\frac{x}{2^2}\right)\right] = x^2 \xrightarrow{\quad x \sim \frac{x}{2} \quad}$$

$$f\left(\frac{x}{2}\right) - f\left(\frac{x}{2^2}\right) - \left[f\left(\frac{x}{2^2}\right) - f\left(\frac{x}{2^3}\right)\right] = \left(\frac{x}{2}\right)^2$$

$$\xrightarrow{\quad x \sim \frac{x}{2} \quad} f\left(\frac{x}{2^2}\right) - f\left(\frac{x}{2^3}\right) - \left[f\left(\frac{x}{2^3}\right) - f\left(\frac{x}{2^4}\right)\right] = \left(\frac{x}{2^2}\right)^2 \xrightarrow{\text{계속 반복}} \cdots$$

$$\Rightarrow f\left(\frac{x}{2^{n-1}}\right) - f\left(\frac{x}{2^n}\right) - \left[f\left(\frac{x}{2^n}\right) - f\left(\frac{x}{2^{n+1}}\right)\right] = \left(\frac{x}{2^{n-1}}\right)^2 \xrightarrow{\text{모든 식을 더하면}}$$

$$\Rightarrow f(x) - f\left(\frac{x}{2^n}\right) - \left[f\left(\frac{x}{2}\right) - f\left(\frac{x}{2^{n+1}}\right)\right] = \frac{4x^2}{3}\left(1 - \frac{1}{4^n}\right) \xrightarrow{n \to \infty}$$

$$f(x) - f\left(\frac{x}{2}\right) = \frac{4x^2}{3}$$

(2) (1)식에서 x 을 $\frac{x}{2}$ 로 반복적으로 대입하면 다음 식이 만들어 진다.

$$f(x) - f\left(\frac{x}{2}\right) = \frac{4}{3}x^2, \ f\left(\frac{x}{2}\right) - f\left(\frac{x}{2^2}\right) = \frac{4}{3}\left(\frac{x}{2}\right)^2, \ ..., f\left(\frac{x}{2^{n-1}}\right) - f\left(\frac{x}{2^n}\right)$$

$$= \frac{4}{3}\left(\frac{x}{2^{n-1}}\right)^2 \xrightarrow{\text{더하면}}$$

$$\Rightarrow f(x) - f\left(\frac{x}{2^n}\right) = \frac{16x^2}{9}\left(1 - \frac{1}{4^n}\right) \xrightarrow{n \to \infty} f(x) = \frac{16}{9}x^2$$

$$\therefore \text{준 식} = \int_0^1 \frac{16}{9}x^2 dx = \frac{16}{27}$$

[문제182] $\displaystyle\int_0^\infty e^{-x^2}dx = \frac{\sqrt{\pi}}{2}$, $f(x) = \dfrac{2}{\sqrt{\pi}}\displaystyle\int_x^\infty e^{-t^2}dt$ 일 때,

이상적분 $\displaystyle\int_0^\infty f(x)^2 dx$ 의 값을 구하시오.

👉 **풀이**

조건식을 미분하면,

$$f'(x) = -\frac{2}{\sqrt{\pi}}e^{-x^2} \Rightarrow f''(x) = \frac{4x}{\sqrt{\pi}}e^{-x^2} = -2xf'(x)$$

$$\Rightarrow \int 2xf'(x)dx = -f'(x) \quad\cdots\cdots (1)$$

$$\therefore 준식 = \left[xf(x)^2\right]_0^\infty - \int_0^\infty 2xf'(x)f(x)dx = -\int_0^\infty f(x)\left[2xf'(x)\right]dx$$

$$\xleftarrow{\text{부분적분}} = \left[f(x)f'(x)\right]_0^\infty - \int_0^\infty f'(x)^2 dx \xleftarrow{(1)} =$$

$$-f(0)f'(0) - \frac{4}{\pi}\int_0^\infty e^{-2x^2}dx$$

$$\xleftarrow{2x^2 = u^2} = \frac{2f(0)}{\sqrt{\pi}} - \frac{2\sqrt{2}}{\pi}\int_0^\infty e^{-u^2}du \xleftarrow{\text{조건식}} = \frac{2-\sqrt{2}}{\sqrt{\pi}}$$

$$(\because f(0) = 1)$$

[문제183] $f(x) = \int_1^x \dfrac{\sin(xt)}{t}dt$ 일 때, 정적분 $\displaystyle\int_0^1 xf(x)dx$ 의 값을

구하시오.

풀이

$$f(x) = \int_1^x \frac{\sin(xt)}{t}dt \overset{xt=w}{\longleftrightarrow} = \int_x^{x^2} \frac{\sin w}{w}dw \overset{\text{양변을 미분}}{\longrightarrow}$$

$$f'(x) = \frac{2\sin x^2 - \sin x}{x} \quad \cdots\cdots\cdots (1)$$

$$\therefore \text{준 식} = \left[\frac{x^2}{2}f(x)\right]_0^1 - \frac{1}{2}\int_0^1 x^2 f'(x)dx \overset{(1)}{\longleftrightarrow}$$

$$= -\frac{1}{2}\int_0^1 2x\sin x^2 - x\sin x\,dx$$

$$= \left[\frac{1}{2}\cos x^2\right]_0^1 + \frac{1}{2}\left[-x\cos x + \sin x\right]_0^1 = \frac{\sin 1 - 1}{2}$$

[문제184] $f(x) = \displaystyle\int_0^{2\pi} |\sin t - x|\, dt$, $(0 \leq x \leq 1)$ 일 때, 정적분

$\displaystyle\int_0^1 f(x)dx$ 의 값을 구하시오.

풀이

(1)

$$f(t) = \int_0^{2\pi} |\sin x - t| \, dx \xleftrightarrow{\text{아래 그림}}$$

$$= \int_0^\theta t - \sin x \, dx + \int_\theta^{\pi-\theta} \sin x - t \, dx$$

$$+ \int_{\pi-\theta}^{2\pi} t - \sin x \, dx = 4(t\theta + \cos\theta) \xleftrightarrow{\sin\theta = t} = 4\left(t\sin^{-1}t + \sqrt{1-t^2}\right)$$

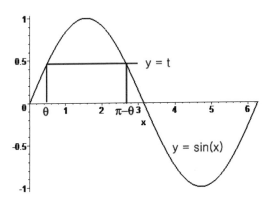

$$\therefore \text{준식} \xleftrightarrow{(1)} = 4\int_0^1 t\sin^{-1}t \, dt + 4\int_0^1 \sqrt{1-t^2} \, dt \xleftrightarrow[\;t = \sin\theta\;]{\sin^{-1}t = u}$$

$$2\int_0^{\frac{\pi}{2}} u\sin 2u \, du + 4\int_0^{\frac{\pi}{2}} \cos^2\theta \, d\theta \quad (\because t = \sin u, \; dt = \cos u \, du)$$

$$\xleftrightarrow{\text{부분적분}} = \frac{3\pi}{2}$$

[문제185] $f(x) = f(a-x)$, $f\left(\dfrac{a}{2}+x\right) + f\left(\dfrac{a}{2}-x\right) = 1$ 일 때,

정적분 $\displaystyle\int_0^a x f(x) dx$ 의 값을 구하시오.

풀이

$$\int_a^b f(x)dx = \int_a^b f(a+b-x)dx \quad \cdots\cdots\cdots (1)$$

$$\int_{\frac{a}{2}}^a f\left(\frac{3a}{2}-x\right)dx \xleftarrow{\; a-x=t \;} = \int_{\frac{a}{2}}^0 f\left(\frac{a}{2}+t\right)(-dt) = \int_0^{\frac{a}{2}} f\left(\frac{a}{2}+x\right)dx$$

$$\cdots\cdots\cdots (2)$$

$$I = \int_0^a xf(x)dx \xleftarrow{\;(1)\;} = \int_0^a (a-x)f(a-x)dx \xleftarrow{\;조건식\;}$$

$$= a\int_0^a f(x)dx - I$$

$$\Rightarrow \therefore I = \frac{a}{2}\int_0^a f(x)dx = \frac{a}{2}\left(\int_0^{\frac{a}{2}} f(x)dx + \int_{\frac{a}{2}}^a f(x)dx\right)$$

$$= \frac{a}{2}\left(\int_0^{\frac{a}{2}} f(x)dx + \int_{\frac{a}{2}}^a f\left(\frac{3a}{2}-x\right)dx\right)$$

$$\xleftarrow{\;(2)\;} = \frac{a}{2}\left(\int_0^{\frac{a}{2}} f\left(\frac{a}{2}-x\right)+f\left(\frac{a}{2}+x\right)dx\right) = \frac{a^2}{4}$$

[문제186] $\left(\displaystyle\int_0^\pi (\sin x + \cos x)f(x)dx\right)^2 = \pi \displaystyle\int_0^\pi f(x)^2 dx,\ f(0) = 1$

일 때, 정적분 $\displaystyle\int_0^\pi f(x)^3 dx$ 의 값을 구하시오.

👈 **풀이**

$\pi \displaystyle\int_0^\pi f(x)^2\, dx = \left(\displaystyle\int_0^\pi (\sin x + \cos x)f(x)dx\right)^2 \xleftarrow{\ [\text{문제}20]\ } \leq$

$\left(\displaystyle\int_0^\pi (\sin x + \cos x)^2 dx\right)\!\left(\displaystyle\int_0^\pi f(x)^2 dx\right) = \pi \displaystyle\int_0^\pi f(x)^2\, dx \xrightarrow[\text{증명 중에서}]{[\text{문제}20]}$

$f(x) = t\,(\sin x + \cos x)$

$\xrightarrow[\text{조건식}]{x=0}\ t = 1 \Rightarrow f(x) = \sin x + \cos x$

$\therefore \displaystyle\int_0^\pi f(x)^3 dx = \displaystyle\int_0^\pi (\sin x + \cos x)^3\, dx = \dfrac{10}{3}$

[문제187] $f(0) = 0, f(1) = 1, f'(x) > 0, \displaystyle\int_0^1 f(x)dx = \dfrac{1}{3}$ 일 때,

정적분 $\displaystyle\int_0^1 f^{-1}(x)dx$ 의 값을 구하시오.

 풀이

$y = f(x), x = f^{-1}(y) \Rightarrow \dfrac{dy}{dx} = f'(x) \Rightarrow dy = f'(x)dx$ ·········· (1)

$\therefore \displaystyle\int_0^1 f^{-1}(y)dy \overset{(1)}{\Longleftrightarrow} = \int_0^1 x f'(x)\,dx = [xf(x)]_0^1 - \int_0^1 f(x)dx$

$= 1 - \dfrac{1}{3} = \dfrac{2}{3}$

[문제188] $\begin{cases} f(x+y) = f(x)f(y) - g(x)g(y), \ f'(0) = 1 \\ g(x+y) = f(x)g(y) + g(x)f(y), \ g'(0) = 2, f(0) > 0 \end{cases}$

일 때, 정적분 $\displaystyle\int_0^1 f(x)^2 + g(x)^2 \, dx$ 의 값을 구하시오.

(1)

$h(x) = f(x)^2 + g(x)^2$ 라고 하자.

$\Rightarrow h(x+y) = (f(x)f(y) - g(x)g(y))^2 + (f(x)g(y) + g(x)f(y))^2$

$= f(x)^2 f(y)^2 + g(x)^2 g(y)^2 + f(x)^2 g(y)^2 + g(x)^2 f(y)^2$

$= \left(f(x)^2 + g(x)^2\right)\left(f(y)^2 + g(y)^2\right)$

$= h(x)h(y), \ h(0) = h(0)h(0) \Rightarrow h(0) = 0, 1$

(i) $h(0) = 0$ 인 경우: $f(0) = g(0) = 0$ 이다. 한편, 조건식에 $y = 0$ 을 대입하면

$f(x) = 0$ 이므로 $f'(0) = 1$에 모순이다.

(ii) $h(0) = 1$인 경우: 조건식에 $x = y = 0$을 대입하고 (1)에 대입하면

$f(0) = f(0)^2 - g(0)^2$, $g(0) = 2f(0)g(0)$, $1 = f(0)^2 + g(0)^2$

$\Rightarrow f(0) = 1$, $g(0) = 0$이다.

(2)

$$\frac{f(x+y) - f(x)}{y} \xleftarrow[\quad(1)\quad]{\text{조건식}} = \left(\frac{f(y) - f(0)}{y}\right)f(x) - \left(\frac{g(y) - g(0)}{y}\right)g(x)$$

$$\xrightarrow{\;y \to 0\;}$$

$$\Rightarrow f'(x) = f'(0)f(x) - g'(0)g(x) \xrightarrow{\text{조건식}} f'(x) = f(x) - 2g(x)$$

(3)

$$\frac{g(x+y) - g(x)}{y} \xleftarrow[\quad(1)\quad]{\text{조건식}} = \left(\frac{g(y) - g(0)}{y}\right)f(x) + \left(\frac{f(y) - f(0)}{y}\right)$$

$$g(x) \xrightarrow{\;y \to 0\;}$$

$$\Rightarrow g'(x) = g'(0)f(x) + f'(0)g(x) \xrightarrow{\text{조건식}} g'(x) = 2f(x) + g(x)$$

(4)

$$h'(x) = 2f(x)f'(x) + 2g(x)g'(x) \xleftarrow{(2),(3)} = 2f(x)^2 + 2g(x)^2$$

$$= 2h(x), \ h(0) = 1$$

$$\Rightarrow \frac{h'(x)}{h(x)} = 2 \xrightarrow[h(0) = 1]{\text{양변을 적분하면}} h(x) = e^{2x}$$

$$\therefore \text{준 식} \xleftarrow{(4)} = \int_0^1 e^{2x}\, dx = \frac{e^2 - 1}{2}$$

[문제189] $\begin{cases} f''(x) = -f(x),\ f(x) > f'(x) \\ f(b) - f'(b) = f(a) - f'(a) \end{cases}$ 일 때,

정적분 $\displaystyle\int_a^b \frac{f(x)}{f(x) - f'(x)}\,dx$ 의 값을 구하시오.

 풀이

$\displaystyle I = \int_a^b \frac{f(x)}{f(x) - f'(x)}\,dx$, $\displaystyle J = \int_a^b \frac{f'(x)}{f(x) - f'(x)}\,dx \Rightarrow I - J = b - a$

$\displaystyle I + J = \int_a^b \frac{f(x) + f'(x)}{f(x) - f'(x)}\,dx \xleftrightarrow{\text{조건식}} = \int_a^b \frac{f'(x) - f''(x)}{f(x) - f'(x)}\,dx$

$\displaystyle = \Big[\ln(f(x) - f'(x))\Big]_a^b = 0$

$\displaystyle \Rightarrow \therefore I = \frac{b - a}{2}$

[문제190] $f(x) = \sin x - x$ 일 때, 정적분 $\displaystyle\int_{-2\pi}^{2\pi} \left| f^{-1}(x) \right| dx$ 의 값을

구하시오.

 풀이

$$\int_{-2\pi}^{2\pi} \left| f^{-1}(x) \right| dx \xleftrightarrow{\ x = f(t)\ } = \int_{2\pi}^{-2\pi} \left| f^{-1}(f(t)) \right| f'(t) dt$$

$$= \int_{-2\pi}^{2\pi} |t| (1 - \cos t) dt$$

$$= 2 \int_{0}^{2\pi} t(1 - \cos t) dt = 4\pi^2$$

[문제191] 일대일 대응인 연속함수 $f(x)$, $f(a) = c, f(b) = d$ 일 때,

정적분 $\displaystyle\int_a^b f(x)\,dx + \int_c^d f^{-1}(x)\,dx$ 의 값을 구하시오.

풀이

$$\int_c^d f^{-1}(x)dx \xleftrightarrow{x=f(t)} = \int_a^b t f'(t)dt = \int_a^b x f'(x)dx \quad \cdots\cdots (1)$$

$$\therefore 준식 \xleftrightarrow{(1)} = \int_a^b f(x) + x f'(x)\,dx = \int_a^b (x f(x))'\,dx = b f(b) - a f(a)$$

$$= bd - ac$$

[문제192] $f(x) + f\left(x + \dfrac{1}{2}\right) = 1, (f(x) > 0)$ 일 때, 정적분 $\displaystyle\int_0^1 f(x)dx$

의 값을 구하시오.

👉 풀이

$\displaystyle\int_0^1 f(x)dx$

$\displaystyle = \int_0^{\frac{1}{2}} f(x)dx + \int_{\frac{1}{2}}^1 f(x)dx \xleftarrow{\quad x = t + \frac{1}{2} \quad} = \int_0^{\frac{1}{2}} f(x)dx + \int_0^{\frac{1}{2}} f\left(t + \frac{1}{2}\right)dt$

$\displaystyle = \int_0^{\frac{1}{2}} f(x) + f\left(\frac{1}{2} + x\right)dx = \int_0^{\frac{1}{2}} 1\, dx = \frac{1}{2}$

[문제193] 정적분 $\displaystyle\int_0^\pi \dfrac{x}{1+e\sin x}\,dx$ 의 값을 구하시오.

 풀이

$$\int_a^b f(x)dx = \int_a^b f(a+b-x)dx \quad\cdots\cdots (1)$$

$$I = \int_0^\pi \frac{x\,dx}{1+e\sin x} \xleftrightarrow{(1)} = \pi\int_0^\pi \frac{dx}{1+e\sin x} - I$$

$$\Rightarrow \therefore I = \frac{\pi}{2}\int_0^\pi \frac{1}{1+e\sin x}\,dx \xleftarrow{\ x=2t\ }$$

$$= \pi\int_0^{\frac{\pi}{2}} \frac{dt}{1+\dfrac{2e\tan t}{1+\tan^2 t}} = \pi\int_0^{\frac{\pi}{2}} \frac{1+\tan^2 t}{1+\tan^2 t+2e\tan t}dt$$

$$= \pi\int_0^{\frac{\pi}{2}} \frac{1+\tan^2 t}{(\tan t+e)^2+1-e^2}\,dt$$

$$\xleftrightarrow{\tan t+e=y} = \pi\int_e^\infty \frac{dy}{y^2+1-e^2} = -\frac{\pi}{2\sqrt{e^2-1}}\left[\ln\left|\frac{y+\sqrt{e^2-1}}{y-\sqrt{e^2-1}}\cdot\right|\right]$$

$$= \frac{\pi}{2\sqrt{e^2-1}}\ln\left(\frac{e+\sqrt{e^2-1}}{e-\sqrt{e^2-1}}\right)$$

[문제194] 정적분 $\displaystyle\int_{\sqrt{2}}^{2}\frac{x^2+2}{x^4-3x^2+4}\ln\left(\frac{x^2+x-2}{x}\right)dx$ 의 값을

구하시오.

👉 풀이

$$I=\int_{\sqrt{2}}^{2}\frac{\left(x^2+2\right)}{\left(x^4-3x^2+4\right)}\ln\left(\frac{x^2+x-2}{x}\right)dx$$

$$=\int_{\sqrt{2}}^{2}\frac{1+\dfrac{2}{x^2}}{x^2-3x+\dfrac{4}{x^2}}\ln\left(x+1-\frac{2}{x}\right)dx$$

$$=\int_{\sqrt{2}}^{2}\frac{1+\dfrac{2}{x^2}}{\left(x-\dfrac{2}{x}\right)^2+1}\ln\left(x+1-\frac{2}{x}\right)dx\xleftarrow{\quad x+1-\dfrac{2}{x}=t\quad}$$

$$=\int_{1}^{2}\frac{\ln t}{(t-1)^2+1}dt\xleftarrow{\quad t-1=\tan u\quad}$$

$$=\int_{0}^{\frac{\pi}{4}}\ln(1+\tan u)\,du\xleftarrow{[\text{문제}]193,(1)]}=\int_{0}^{\frac{\pi}{4}}\ln\left(\frac{2}{1+\tan u}\right)du$$

$$=\frac{\pi}{4}\ln2-I\Rightarrow\therefore I=\frac{\pi}{8}\ln2$$

[문제195] $f_1 = 2x(1-x), f_{n+1}(x) = f_1\big(f_n(x)\big)$ 일 때,

정적분 $\displaystyle\int_0^1 f_n(x)dx$ 의 값을 구하시오.

풀이

$$f_n(x) = f_1\big(f_{n-1}(x)\big) \xleftrightarrow{\text{조건식}} = 2f_{n-1}(x)\big(1 - f_{n-1}(x)\big)$$

$$= 2f_{n-1}(x) - 2f_{n-1}^2(x)$$

$$\Rightarrow \frac{1}{2} - f_n(x) = \frac{1}{2} - 2f_{n-1}(x) + 2f_{n-1}^2(x) = 2\left(\frac{1}{2} - f_{n-1}(x)\right)^2$$

$$= 2^3\left(\frac{1}{2} - f_{n-2}(x)\right)^{2^2} = \dots$$

$$= 2^{2^{n-1}-1}\left(\frac{1}{2} - f_1(x)\right)^{2^{n-1}} \xleftrightarrow{\text{조건식}} = 2^{2^{n-1}-1}\left(\frac{1}{2} - 2x + 2x^2\right)^{2^{n-1}}$$

$$= 2^{2^{n-1}-1}\left[2^{2^{n-1}}\left(\frac{1}{2} - x\right)^{2^n}\right]$$

$$= 2^{2^n-1}\left(\frac{1}{2} - x\right)^{2^n} \Rightarrow \therefore f_n(x) = \frac{1}{2} - 2^{2^n-1}\left(\frac{1}{2} - x\right)^{2^n} \quad \dots\dots (1)$$

$$\therefore \text{준 식} \xleftrightarrow{(1)} \int_0^1 \frac{1}{2} - 2^{2^n-1}\left(\frac{1}{2} - x\right)^{2^n} dx \xleftrightarrow{\frac{1}{2} - x = t}$$

$$= \frac{1}{2} - 2^{2^n-1}\int_{-\frac{1}{2}}^{\frac{1}{2}} t^{2^n} dt$$

$$= \frac{2^{n-1}}{2^n + 1}$$

[문제196] 정적분 $\displaystyle\int_0^{\frac{\pi}{2}} \frac{\cos x + \cos^2 x}{1 + \sin x + \cos x}\, dx$ 의 값을 구하시오.

풀이

$$I = \int_0^{\frac{\pi}{2}} \frac{\cos x + \cos^2 x}{1 + \sin x + \cos x}\, dx \xleftarrow{\text{[문제193, (1)]}}$$

$$= \int_0^{\frac{\pi}{2}} \frac{\sin x + \sin^2 x}{1 + \sin x + \cos x}\, dx \xrightarrow{\text{더하면}}$$

$$\Rightarrow 2I = \int_0^{\frac{\pi}{2}} 1\, dx = \frac{\pi}{2} \Rightarrow \therefore I = \frac{\pi}{4}$$

[문제197] 정적분 $\displaystyle\int_0^1 \frac{x^{4n+1}}{x^{6n+3}+1}\,dx,\ (n\in N)$ 의 값을 구하시오.

준 식 $=$

$$\underset{x^{2n+1}=t}{\xleftarrow{\hspace{1.5cm}}} = \frac{1}{2n+1}\int_0^1 \frac{t}{t^3+1}\,dt = \frac{1}{3(2n+1)}\int_0^1 \frac{t+1}{t^2-t+1} - \frac{1}{t+1}\,dt$$

$$= \frac{1}{6(2n+1)}\left[\ln(t^2-t+1)\right]_0^1 - \frac{1}{3(2n+1)}\left[\ln(t+1)\right]_0^1$$

$$\quad + \frac{1}{2(2n+1)}\int_0^1 \frac{dt}{t^2-t+1}$$

$$= \frac{1}{6(2n+1)}\ln\left(\frac{1}{4}\right) + \frac{1}{2(2n+1)}\int_0^1 \frac{dt}{\left(t-\dfrac{1}{2}\right)^2 + \dfrac{3}{4}}$$

$$= \frac{\pi}{3\sqrt{3}\,(2n+1)} - \frac{1}{3(2n+1)}\ln 2$$

[문제198] 정적분 $\displaystyle\int_0^\pi (1 - x\sin 2x)e^{\cos^2 x} + (1 + x\sin 2x)e^{\sin^2 x}\,dx$ 의

값을 구하시오.

풀이

$$\begin{aligned}
\text{준 식} &= \int_0^\pi \left[e^{\cos^2 x} + x(-2\sin x\cos x)e^{\cos^2 x} \right] \\
&\quad + \left[e^{\sin^2 x} + x(2\sin x\cos x)e^{\sin^2 x} \right] dx \\
&= \int_0^\pi \left(xe^{\cos^2 x} \right)' + \left(xe^{\sin^2 x} \right)' dx = \left[xe^{\cos^2 x} + xe^{\sin^2 x} \right]_0^\pi = \pi(e + 1)
\end{aligned}$$

[문제199] 정적분 $\displaystyle\int_0^{\frac{\pi}{4}} \frac{\sin x - 2\ln\left(\dfrac{1-\sin x}{\cos x}\right)}{(1+\cos 2x)\sqrt{\ln\left(\dfrac{1+\sin x}{\cos x}\right)}}\, dx$ 의 값을

구하시오.

풀이

준 식 = $\xleftarrow{\quad f(\theta) = \dfrac{1+\sin\theta}{\cos\theta}\quad}$

$= \displaystyle\int_0^{\frac{\pi}{4}} \frac{\sin\theta + 2\ln f(\theta)}{2\cos^2\theta\,\sqrt{\ln f(\theta)}}\, d\theta \xleftarrow{\ \ln f(\theta) = g(\theta)\ }$

$= \displaystyle\int_0^{\frac{\pi}{4}} \frac{\sin\theta + 2g(\theta)}{2\cos^2\theta\,\sqrt{g(\theta)}}\, d\theta$

$= \displaystyle\int_0^{\frac{\pi}{4}} \frac{\tan\theta}{2\sqrt{g(\theta)}}\sec\theta + \sqrt{g(\theta)}\,\sec^2\theta\, d\theta = \int_0^{\frac{\pi}{4}} \left(\tan\theta\,\sqrt{g(\theta)}\right)'\, d\theta$

$= \left[\tan\theta\,\sqrt{g(\theta)}\right]_0^{\frac{\pi}{4}} = \sqrt{\ln\left(1+\sqrt{2}\right)}$

[문제200] 이상적분 $\displaystyle\int_0^\infty e^{-2x}\,|\sin x|\,dx$ 의 값을 구하시오.

$$\int_0^{\pi} e^{-2x} \sin x\, dx = \left[\frac{-1}{2} e^{-2x} \sin x \right]_0^{\pi} + \frac{1}{2} \int_0^{\pi} e^{-2x} \cos x\, dx$$

$$= \frac{1}{2} \int_0^{\pi} e^{-2x} \cos x\, dx$$

$$= -\frac{1}{4} \left[e^{-2x} \cos x \right]_0^{\pi} - \frac{1}{4} \int_0^{\pi} e^{-2x} \sin x\, dx = \frac{1}{4}\left(1 + e^{-2\pi}\right)$$

$$-\frac{1}{4} \int_0^{\pi} e^{-2x} \sin x\, dx$$

$$\Rightarrow \int_0^{\pi} e^{-2x} \sin x\, dx = \frac{1}{5}\left(1 + e^{-2\pi}\right) \ \cdots\cdots\cdots (1)$$

$$\therefore \text{준 식} = \sum_{n=0}^{\infty} \int_{n\pi}^{(n+1)\pi} e^{-2x} (-1)^n \sin x\, dx \xleftarrow{\ x = t + n\pi\ }$$

$$= \sum_{n=0}^{\infty} \int_0^{\pi} e^{-2(t+n\pi)} \sin t\, dt$$

$$= \int_0^{\pi} e^{-2t} \sin t \left(\sum_{n=0}^{\infty} e^{-2n\pi} \right) dt = \int_0^{\pi} \frac{e^{-2t} \sin t}{1 - e^{-2\pi}}\, dt$$

$$= \frac{1}{1 - e^{-2\pi}} \int_0^{\pi} e^{-2x} \sin x\, dx \xleftrightarrow{(1)} \frac{e^{2\pi} + 1}{5\left(e^{2\pi} - 1\right)}$$

저자 _곽성은

- 조선대학교 수학과 수학박사(1992년)
- 조선대학교 수학과 초빙객원교수(현재)
- 세계 스도쿠대회 한국출제위원장(현재)
- 한국 창의퍼즐협회 이사(현재)

인피니트 ∞ 수학

대입 수학 논술 2

초판 1쇄 인쇄 | 2020년 10월 21일
초판 1쇄 발행 | 2020년 10월 26일

저　　자 | 곽성은
펴 낸 이 | 김호석
펴 낸 곳 | 도서출판 대가
기　　획 | 김호석
편 집 부 | 박은주
마 케 팅 | 오중환
경영지원 | 김소영·박미경

등　　록 | 제311-47호
주　　소 | 경기도 고양시 일산동구 무궁화로 32-21 로데오메탈릭타워 405호
전　　화 | (02) 305-0210 / 306-0210 / 336-0204
팩　　스 | (031) 905-0221
전자우편 | dga1023@hanmail.net
홈페이지 | www.bookdaega.com

ISBN　 | 978-89-6285-257-8 43370

이 도서의 국립중앙도서관 출판예정도서목록(CIP)은 서지정보유통지원시스템 홈페이지
(http://seoji.nl.go.kr)와 국가자료종합목록시스템(http://www.nl.go.kr/kolisnet)에서
이용하실 수 있습니다. (CIP제어번호 : CIP2020041360)